Filosofía y poesía

María Zambrano

Filosofía y poesía

Introducción de Joaquín Verdú de Gregorio

Alianza editorial
El libro de bolsillo

Esta edición reproduce la fijación del texto que hicieron Pedro Chacón y Mariano Rodríguez en el Vol. I – Libros (1930-1939) de las OO.CC. de María Zambrano, 2015.

Primera edición: octubre de 2025
Primera reimpresión: abril de 2026

Diseño de colección: Estrada Design
Diseño de cubierta: Manuel Estrada
Fotografía de cubierta: Javier Ayuso

ISBN: 979-13-7009-060-9
Depósito legal: M-12911-2025
Printed in Spain

Índice

Introducción

Ignorancia y olvido son, en el acontecer de la humanidad, como un tímido reflejo de la nada creadora adonde con tanta pureza en ocasiones se ha querido ir, mas adonde nunca se llega, pues sería acceder a un vacío de temporalidad anterior a la duración que, en la concepción de María Zambrano en su libro *Filosofía y Poesía*, es el primer vagido del tiempo, una llamada que anhela débilmente su aparición, cual susurra Luis Cernuda:

> Donde habite el olvido
> En los vastos jardines sin aurora

El habitar conjetura un estar enraizado en algo y pertenecer a él, encontrar y quedarse. Ello equivale a una relación del hombre con el universo: el anhelo de habitar que implica un retorno hacia su ignorado origen, antes de la aurora, de su luz que ya irradiaría un despertar. Quizá una unidad perdida o incompleta se desgaja de un transitar, un recorrer y un desprendimiento de lo que más tarde se llamará caída. Y el retorno no sería hacia la naturaleza, sino hacia un tiempo concebido como órbita del transcurrir sin alcanzar la libertad, que en el tiempo es total espontaneidad.

La órbita del transcurrir que permitió la gestación y publicación de este libro que el lector tiene entre sus manos, la narra la autora tanto en la «Nota explicativa» como en «A modo de prólogo», es por ello que en esta introducción he decidido mostrar alguna de las claves poéticas y filosóficas que María Zambrano indaga y recibe de la tradición. Así pues, siguiendo con la poesía de Luis Cernuda, tan influyente en la autora, al igual que la de muchas de sus amistades de generación, la imagen de los jardines sin aurora pudiera evocar la de un *paraíso*, reflejo del mito del paraíso perdido tan presente en la evolución de la humanidad y de la metáfora de la luz advenida tras el alba, aquí ausente pero tan vigente en el devenir de las utopías y los sueños humanos. Esa ausencia de luz simboliza la imposibilidad de atravesar el dintel entre la noche y el día. Es en la noche arcana de los tiempos donde se sitúa el poeta. Paradójicamente para el científico, el saber sobre el universo se enlaza con el *Big-Bang,* la explosión que plasmó su aparición hacia la Luz y todo lo anterior sólo puede ser intuido por el cosmos poético. Y es que la ocultación o pérdida de ese tiempo originario pudiera ser contemplada como una metáfora visualizada en el espejo del mito bíblico de la caída de los ángeles y tras la que fluyen las primeras huellas lo terreno:

> Donde yo sólo sea
> Memoria de una piedra perdida entre ortigas
> Sobre la cual el viento escapa a sus insomnios.

En la visión de Teilhard de Chardin surge esa atención, tan presente también en Zambrano, por el acontecer evolutivo del ser humano que deja sus huellas sobre la piedra. Imagen del tiempo-memoria paradójicamente solidificado en la conjunción del agua y la tierra. Como muestra la piedra, olvidada y pérdida en una primigenia vida vegetativa; y la ortiga, hiriente y ancestral, planta fusionada en ese inicio de un vivir que se confunde con un sueño; y una llamada al aire como imaginación material que supone esa elevación que paradójicamente se aleja de la imposibilidad del sueño.

Reflejaría esa *Memoria del Olvido* el arcano universo del *silencio*, en cuyas fuentes se han ido deslizando esos saberes orientales que se muestran en el taoísmo, el budismo y sus confluencias con la mística de los *Upanishad*, sugiriendo aquello por lo que *todo* es manifestado sin que *nada* sea manifestado: «Pues que quien no habla se identifica con la palabra originaria. Por ello, ¿podré jamás encontrar alguien que olvide la palabra y dialogar con él?». Es la búsqueda del dialogo sin palabras y libre de los vínculos de la razón discursiva que es ciertamente algo insólito para la mentalidad moderna. Pues el silencio es también expresión de la palabra anterior a su vocalización auditiva tal como hoy la entendemos y al par concomitante con ella más tarde, cual serían el gesto, el rumor, la expresión admirativa o contrariada, la palabra perdida, la que se guarda... y más precisamente la *mirada*, que en la concepción de Zambrano se manifiesta en esos ojos que salen a la noche con una disponibilidad pura y entera sin sombra de avidez. No van de caza, no se sufre el engaño que procura el ansia de *captar*, ni la tiranía del concepto que somete a la libertad con el cebo del conocimiento y la acecha cuando todavía flota en el mar de las aguas primigenias.

Mas el origen del universo reside en el cosmos, es astral, de modo que la persona en su contemplación quedaría encantada...; quizás la persona contemplativa preceda a la activa. Existe un ritmo en la música de las esferas y, a su imagen, se da un ritmo en la respiración de cualquier ser viviente y el ritmo que mide la vida es el que siente el corazón, el único órgano que tiene sonoridad, como nos recuerda María Zambrano. Y en cuanto a los dioses y daímones, el ritmo de la armonía es su elemento, ellos viven en la metamorfosis y la danza. La palabra poética buscará esa musicalidad, esa armonía, pues antes de la razón era el encanto, la magia persistente del canto y la danza como ofrecen los rituales de nuestros ancestros. El canto, la lira y la armonía aluden a una acción mágica invocadora de almas y de recuerdos. La música y el canto integran el número, que en su visión pitagórica conforma la estructura de la realidad. Y entrañada en esa música está la diosa que alcanza la memoria y aplaca el dolor a un tiempo.

Los pitagóricos se preguntaban: «¿qué es lo más sabio? El número. ¿Qué es lo más bello? La armonía». Sería pues esa armonía la vía o medio para reintegrar el olvido, el tiempo sagrado en el deslizarse del tiempo, salvándolo poéticamente, barajando con arte infinito el movimiento y el reposo, el día y las tinieblas, el silencio y el rumor. Como afirmaba Diderot, la poesía tiene el poder de decir y representar las cosas pues al unísono el entendimiento capta, la imaginación ve y el oído escucha.

Levy-Strauss nos aclara que un sonido musical no lleva consigo consideración alguna, todo depende de los que le preceden y le siguen, de su armonía. Y así, la música es una lengua que tiene sus caracteres fundamentales. Al par que las palabras son signos condicionales de las cosas, en la música los sonidos no son expresión de la cosa, son la cosa misma.

La música es el reflejo de ese tiempo primario y sagrado, que sólo cuando se escucha se ofrece como encarnación de una temporalidad que se sostuviese sobre el vacío. Aún más, la música logra su sentido de *habitar* el tiempo, de integrarlo en otra modalidad que la de su pasar, en una de las acepciones zambranianas, cual anhelo que va más allá de lo inmediato, a modo de aventura hacia otro reino que pudiese ser un reino postulado por lo más íntimo de una vocación. Nietzsche sugería que no puede escucharse la música sin que manen las lágrimas, a lo que Emil Cioran responde que ellas son causadas por la nostalgia de un universo que se cree perdido. Irreversible resulta la ascensión, la separación o el traspaso de la vida propia de un reino a otro, el liberarse de su prisión o, al menos, atravesar el cerco, pues que la realidad parece oponerse a la vida y al sueño. A esa vida que anhela su sueño, como nos ofrece el testimonio de un poeta, Federico García Lorca, tan fraternalmente unido en su vida y muerte al itinerario de María: «andamos / sobre un espejo / sin azogue, / sobre el cristal sin nubes. / Si los lirios nacieran / al revés, / si todas las raíces / mirarán las estrellas, / y el muerto no cerrara / los ojos / seríamos cisnes». Se vislumbra el cisne como la imagen de la belleza y del ángel caído en su ansia imposible de vuelo.

Todo ello nos recuerda, como hemos apuntado, al mito del *Paraíso perdido* que ha ido fluyendo en las varias religiones, teogonías y utopías aparecidas en las diversas etapas de la humanidad, como una nostalgia de un tiempo y un espacio que en la imaginación pudiese nombrar propiamente su patria. Como si estuviéramos desolados y exigiéramos un paisaje que urdiese una correspondencia entre nuestro ser y el marco exterior: a ello responde el paraíso. Y es que la desolación llama a la belleza para verter en ella su vacío.

Se ha plasmado, sobre todo en la poesía moderna, ese afán por la infancia como huella del paraíso a la que se desliza en momentos decisivos la existencia. Ya enunciaba Wordsworth poéticamente que «the child is the father of the man» y que el adulto pudiera sumirse en el anhelo de habitar ese universo sagrado y misterioso tal como se desvela en la infancia. Cernuda recrea en *Ocnos* un cosmos más allá del caos, en donde la naturaleza siente al unísono con el niño y para Jung la infancia es el *mitologema* que recrea la posibilidad de renacer. En ello hallamos el trasfondo del ritual religioso que nos recuerda la natividad de los dioses, cual si el tiempo se reiniciase en un nuevo ciclo y surgiese de una ignota tiniebla oscura. Aproximarse a la infancia es aproximarse a lo que lógicamente no cabe aproximarse, mas que fecunda a ciertos seres en trance de pureza, a ciertos seres que sólo podrían llamarse pobres de espíritu, limpios de corazón, como Dilthey señalaba en Hölderlin, sugiriendo que la labor del poeta se caracteriza por su inocencia y el diálogo abierto. También observa este carácter María Zambrano en Nina, el personaje de la novela de Galdós, *Misericordia.* Mas en lo concerniente a la nostalgia de esa etapa originaria de la humanidad, piensa Zambrano que el origen es anterior al caos y nos recuerda la añoranza de Arthur Rimbaud del *desarreglo de los sentidos* para lograr la *alquimia* del verbo, ya que ese término equivale para la pensadora a una trasformación –*changer la vie,* según el poeta– en pro de la búsqueda de la palabra que no se desprecia, o más bien del hallazgo que equivale a una revelación. Un itinerario espléndidamente tortuoso para el poeta francés que lo expresa en esa travesía en la que irrumpe una naturaleza desatada, en su magistral poema *Le bateau ivre*.

Estas primigenias etapas de la evolución del universo y de la persona, más allá de los tiempos históricos y de la construcción científica, dejarán su huella cual sombra que queda en eso que llamamos *sentir* originario y que tan bien expresa el poeta Luis Cernuda:

> Soy eco de algo;
> Lo estrechan mis brazos siendo aire.
> Lo miran mis ojos siendo sombra
> Lo besan mis labios siendo sueño.

Mas en este universo de lo sagrado la persona mira y se siente mirada. No habiendo surgido todavía la palabra van apareciendo los dioses y ello es el principio de la pregunta del ser humano sobre su entorno. La pregunta que ya implica un inicio de la Filosofía a que los dioses son en cierta forma ya una respuesta y con ello la revelación del enigma que nos rodea. Pero al propio tiempo se pregunta sobre las cosas y ello implica la aparición de éstas pues que la existencia de las cosas se realiza a través de su denominación. Ello provoca una separación, una decadencia de lo sagrado, de las fuerzas mágicas que nos hablan y nos miran, nos amenazan y protegen. Es el pre-nacimiento de la conciencia. Se inicia una ruptura con esa edad de oro de Don Quijote que inicia lo que Zambrano denomina «la pérdida de la inocencia y la edad de las desdichas», así como la aparición de la angustia que en sus diversas modulaciones será coetánea a la errancia del ser humano.

Paradójicamente, cuanto más se avanza en el territorio de la conciencia, el de esa luz que cierne y pone sus límites, la persona teme perder su fábula, sus mitos, se halla en conflicto. La filosofía llama a la vigilia pero el ser humano parece obstinarse en su vida sonámbula, se siente en medio de las cosas como una larva que ha de nacer y salvarse, nos recuerda Zambrano, y se le pone frente a una promesa de seguridad como si se dijera «si te atreves a esto, si reduces tu vida a esto, claro, seguro, idéntico a sí mismo, estarás a salvo, ninguna fuerza, ni siquiera la de los dioses, te podrán arrebatar tu condición». Pero una parte del ser queda latente en ese sueño primordial y originario que siempre le acompaña. Se siente oscilante entre la realidad de la vigilia y su más hondo interior, el sueño. En la entraña de su pensamiento, el llamado inconsciente trasciende a la persona para, en sintonía con la visión de Jung, alcanzar el carácter de colectivo en el que se hallan integradas todas las etapas de la humanidad, que a través de los llamados *arquetipos* ofrecen una posibilidad de representación de las mismas.

El poeta es el viajero en un laberinto enamorado de todo cuanto le rodea sin querer renunciar a nada que salga a su encuentro, ni a la criatura, ni a un instante de la criatura, ni a una partícula de la atmósfera que lo envuelve, ni a las apariencias que fluyen en su camino. En cambio, el filósofo busca la unidad más allá de toda apariencia, unidad absoluta sin mezcla de multiplicidad, porque las imágenes semejan dispersarla y quiere dilucidar la presencia de lo real, de las cosas que *son*, fijar la verdad pensando que más allá de ese límite todo es engaño. Este camino es más claro, más seguro en la conquista de algo firme que se pretende absoluto, un mundo con un orden y perspectiva donde ya existe el principio y lo «principiado», la forma y lo que está bajo de ella, es el camino de la *Razón*. No obstante la poesía para la pensadora veleña tiene también su unidad, su vuelo, su trasmundo, y para ello acude al verso de Machado: «Mi corazón latía atónito y disperso». Ese latir es un ritmo que ya expresa un acorde frente a la dispersión, la palabra se hace canto y por ello música que atrae a la naturaleza cual vimos en Orfeo. Un decir que es un cantar. Un ritmo que al par parece provenir de un horizonte tantas veces olvidado y tan hondamente trascendiendo en acontecer humano cual se refleja en los versos de Lorca: «porque yo no soy un hombre, ni un poeta ni una hoja /, pero sí un pulso herido, que sonda las cosas del otro lado».

Unos versos que hablan de los sonidos del corazón, de su ritmo en la vida humana. Y en ello el sentir de la herida que conforma poéticamente al ser humano en su vida, amor y muerte, en expresión de Miguel Hernández. El poeta halla el sentir de las cosas en el sentir del pulso; el que fundamenta la unidad más allá de la dispersión. El latir de las entrañas que suena para vencer la mudez de todas las demás, y permite ser escuchado. Y esa escucha en sí y hacia lo demás, lo otro, nos permite desentrañar la verdad, que tantos consideran divina y otros robada al mundo de los dioses. Recordemos a Prometeo, de ahí las palabras del poeta Machado, recogidas por la pensadora que leyendo «sus bien amados versos» infiere en el «espejo de sus sueños»:

> que una verdad divina
> temblando está de miedo,
> y es una flor que quiere
> echar su aroma al viento

Ese conocer en respuesta al sentir nos desliza hacia la recuperación de los tiempos remotos en la visión de Baudelaire: «les parfums, les couleurs et les sons se répondent», cuando el conocer fluía de ese sentir, al acudir los sentidos a las solicitaciones del mundo exterior conjuntamente —vista, olfato, oído, gueto tacto—, mas sólo uno de ellos otorga la respuesta adecuada, adelantándose a los demás sin perder su comunicación con los restantes.

En su aspecto divino la palabra poética pudiera considerarse como *palabra-diálogo* como afirma Heidegger basándose en la poesía de Hölderlin, en un poema inconcluso de éste:

> Muchas cosas ha experimentado el hombre
> A muchas celestiales ha dado ya nombre
> Desde que somos Palabra-diálogo
> Y podemos los unos oír a los otros[1].

Diálogo que significa poder hablar y oír como presupuesto para hablar con los otros. Poder hablar y oír son ambos equi-originarios. En la palabra esencial se hace patente lo Uno y lo Mismo sobre lo que nos unificamos, sobre lo que fundamos la unanimidad, lo que nos hace propiamente uno mismo. Desde el punto en que el hombre se pone en presencia de algo permanente, puede comenzar a exponerse a lo tornadizo, a lo venidero, a lo pasajero, porque tan sólo es mudable lo constante. Y desde que el *tiempo desgarrador* se desgarra a sí mismo en presente, pretérito y futuro, se da la

---

1. «Reconciliador, en quien nadie creyó», citado en su libro *Holderlin y la esencia de la poesía*, Editorial Anthropos, Barcelona, 1994, pág. 26.

posibilidad de unificarse sobre lo permanente. Somos dialogo con el tiempo desde que *el tiempo es*. Desde que surgió el tiempo y se lo detuvo *somos* nosotros, desde ese momento somos históricos e integramos la noción de *olvido*.

Si la filosofía se desliza por los senderos de la pregunta del hombre sobre su entorno, ello no implica que la ruptura con la poesía sea inmediata, sino que es pausada en su acontecer coetáneo. Los llamados presocráticos responden a la interrogación acudiendo a los elementos que conforman el universo y sus sucesivos advenimientos. Tales de Mileto consideraba el elemento agua como matriz originaria del cosmos y para María Zambrano dicho simbolismo queda presente en sus numerosas plasmaciones como germinadora de la tierra y origen de la vida. Esta concepción reproduce en el fondo ciertos mitos del Próximo Oriente y de Egipto en los que se representa la tierra flotando en una masa de agua, de este modo se explicaban los temblores y accidentes de la tierra. En «Antes de la ocultación. Los mares» recogido en *De la Aurora*, nos dice María Zambrano que al fin y ya desde el comienzo del amanecer se percibe que ya han ido apareciendo los mares. Además, nos expresa que el mar no es nunca una herida ni tampoco hiere, si no que lame, abraza, surca como si él mismo fuera nave que se busca a sí misma... y se derrama como espuma. Aquí Zambrano coincide con Antonio Machado, el poeta y filosofo del agua, tan presente ésta en el entorno andaluz como fuente y mar, como origen y como destino final.

Anaxímedes nos muestra que existe como origen de todo, de toda una realidad dependiente de la experiencia, aunque en un sentido indeterminado. Este principio sería el *aire*, elemento invisible e imponderable, casi imperceptible aunque observable. El aire infunde en la vida fuerza vital a través de la respiración, flujo universal que subsiste por si mismo sin delimitación. Es divinidad pues que el hombre todavía no se ha desprendido de lo divino que anima el mundo, así el cosmos nacido del aire vive siguiendo el ritmo de una respiración colosal, a imagen de ese soplo que constituye nuestra alma, nos *anima* y nos da el movimiento y vida, de ahí el carácter eterno del aire. Huella de ello sería la afirmación zambraniana de que cuando el espacio se le da felizmente al ser vivo le permite, al par que la respiración, la visión.

En el centro del pitagorismo, tan presente en todo el itinerario del pensamiento de Zambrano, se nos habla del alma. En ese centro convergen la inmortalidad del alma, la aspiración a la salvación y la necesidad de seguir las prescripciones —política, religión, medicina y música— de un modo de vida que exige una purificación, catarsis sustentada en la contemplación que procura un acercamiento a lo divino para llegar a ser lo suficientemente puros y lograr una eternidad de felicidad supraterrena. Aparece un nexo de unión entre la terapéutica sagrada de la lira de Orfeo y la concepción numérica de la medida justa en la que descubre que los números imperan también en la música y los acordes musicales satisfacen las relaciones simples. Y el canto y la lira —armonía que es razón y al par evocación— son acción mágica atraedora de almas, de recuerdos. La música revela para los presocráticos los infiernos del alma, el tiempo de la naturaleza, el alma entre la vida y la muerte que ha de trascender. El horror del tiempo se aplaca por la monotonía que corresponde a la monodia del canto primitivo griego y la liturgia. Y ese sentir se extiende desde ese momento a todo el cosmos tal como María Zambrano nos dice que volverá esa música que se aproxima más al origen, al principio, cuando revela a la par el instante de ahora. Música que dura un instante toda ella, un instante de eternidad, como el morir, como el nacer, como el amar.

Para Heráclito el combate es padre rey de todo. Mas frente al cambio, el logos es armonía suprema, no sobreañadida ficticiamente sino que supone una unidad inmanente. El logos es la razón, toda la razón y con ello trasciende las etapas de la intuición o el sentir del número. El logos es razón y a la par verbo, la unidad, fuerza motriz y creadora de devenir que podemos llamar *separada*, en cuanto universal, pero también puede entenderse como *confundida* con el cosmos en el devenir, puesto que actúa hasta en los humanos que la ignoran. Y el logos es *fuego* asimismo, el fuego celeste, *éter* divino; y el fuego que vemos devorar luminosamente a los demás elementos. Un fuego que en la versión poética de Zambrano es «llama que consume el tiempo y lo crea», como nos dice en *De la Aurora,* la llama que purifica al par la visión corpórea y la visión corporal también, iluminando, vivificando, alzando, sin ocupar por eso todo el horizonte disponible del que mira.

En Parménides frente a la multiplicidad fluye la identidad: «Existe el Ser y no puede suceder que no exista». Esta es la única vía posible y fecunda, la de la identidad absoluta del Ser, las demás son intransitables y sólo producen decepción. El ser único no creado, indivisible, eterno y universal. Y las cosas —inteligencia encarnada— han de ser unas. Ser, ser cosa, supone ya la identidad. Es una realidad salvadora porque nos libera de las apariencias, de la

ilusión y, para Parménides —frente a la concepción funda-
mentada en lo oscuro y en el misterio—, esa visión del Ser
es la plasmación del pensamiento claro y preciso. En ello
fundamentaría su versión del llamado *apeiron* de tan largo
camino en la filosofía.

> Que no hallarás el Pensar
> Sin el ente en que se expresa;
> Nada es algo o lo será
> a no ser que ente sea[2].

Una mención especial merece Empédocles por su impor-
tancia en la filosofía de Zambrano. Para este autor presocráti-
co, no existe unidad primera y en su lugar se dan una variedad
de elementos que denomina *Raíces,* en número de cuatro, vi-
vientes y divinos: el fuego, la tierra, el aire y el agua, más sus
cambios y combinaciones que explicarían los fenómenos que
aparecen y desaparecen debido a sus mezclas y conjunciones.
Pero el principio motor del universo obedece a dos principios
opuestos, *Philotes y Neikos,* Amor y Odio, que obedecen a la
concepción ético-religiosa del bien y el mal. De la primacía de
uno u otro depende el ordenado encuentro y armonía de las
raíces o la desarmonización de las mismas, implicando con ello
el progreso o decadencia del devenir. Hubo una edad de Oro
en la que reinaba el amor pero el odio empujo a los hombres
hacia la destrucción. El Amor que resta retrasa la descomposi-
ción del mundo. Quizás este sentir de María Zambrano, obe-
dezca a ello, a que quizás un ser divino esté siempre muriendo
y naciendo: «fuego que se reenciende en su sola luz».

2. *Parménides*, Fragm, 3.35ss.

La concepción filosófica de Platón en principio semeja orientada por el pitagorismo en su panorama de las ideas solventadas por la existencia de un universo anterior en el que las ideas belleza, bien y amor son la reminiscencia de aquella plenitud luminosa que las habitaba en un universo anterior, sería la llamada *anamnesis,* el alma ya ha visto lo que descubre en otro mundo: el conocimiento es reconocimiento.

Cierto es que su pensamiento queda expresado en *Diálogos* y que pudiese reflejar lo que la pensadora llama *actitud* filosófica, recordando a Sócrates quien con su método interrogativo lo que pretendía es un alumbramiento de las almas de los ciudadanos frente a la opinión adquirida y avasalladora. Al dirigirse a la juventud —pareja actitud tuvo María Zambrano en un momento crítico de la temporalidad de su país— y suscitar su acogedora aceptación frente a la opinión vigente, integra una de las características de la filosofía como enseñanza para la muerte, corroborada por su actitud ante la condena a muerte dictada por el tribunal de Atenas alegando que corrompía a la juventud.

Platón en su tratado *La República,* reafirma la expulsión de los poetas de la ciudad y en ello se patentiza en su mayor hondura la violencia que, al parecer de Zambrano, se ejerce en el momento de la separación entre Filosofía y Poesía, pues que en el mismo Platón se hallan reminiscencias del pitagorismo y raíces poéticas al acudir a los mitos para el desarrollo de su pensamiento. Sin embargo, busca ese *Logos,* término que en su sentido griego equivale a «la palabra que tiene un sentido, discurso y razón». Busca con violencia sobre las raíces de su pensar la seguridad o el medio de pacificar la existencia.

El camino de Aristóteles es ya el del logos lógico en que «las cosas son lo que son». Van desapareciendo los dioses en pro de un Dios como Motor Inmóvil origen del movimiento, primera causa eficiente y al mismo tiempo última causa final. Es la testificación, a través del silogismo, de la causa al efecto, de la potencia al acto. Nos acercamos más a la conceptualización que a la concepción. Todo parece obedecer más a las seguridades del hombre y a la par a su resignación, que pudiera parecer estoica pero que surge con un tamiz de fe agresiva. Contrariamente, María Zambrano afirma repetidamente que la suerte de la razón del vencido es convertirse en semilla que germina en la tierra del vencedor. Por ello pregunta si la palabra poética está vencida cuando es enterrada. Frente al triunfo del pensamiento sistemático que representa Aristóteles y su exclusividad hay una renuncia a todo un universo anterior y por ello Zambrano acude a la memoria que lejos de *aplanar* el pasado lo recupera. Más allá de la palabra-pregunta que responde y nombra, se refleja aquella otra que se pretende exiliar de la filosofía y que sugiere el misterio, pues que otra forma de respuesta a la interrogación humana fue dada en la tragedia y el firmamento poético del pitagorismo y sus colindantes.

Pero el pensamiento de Platón, pese la violencia ejercida para liberarse del pitagorismo, es filosofía sin olvidar que sigue siendo religión. Construir un sistema no implica el sacrificio de los anteriores que quedaron al margen, vencidos u olvidados, porque son la *reserva histórica* que erigen siempre los vencidos. Y ello es esencial para integrar y comprender la llamada *razón poética* de la pensadora malagueña.

Mas, ¿dónde queda el Amor, esencial en el pensamiento de María Zambrano y que considera como tejido originario del mismo? Tras la lectura de los diálogos, *Fedro* y *El Banquete,* se nos aparece que la contemplación de la belleza es enteramente visible e incluso corpórea. La belleza marca un inicio en la escala del amor que transita más allá de la corporeidad y de lo de sensible pues existe eterna y absolutamente por sí misma y en sí misma. Por ello, el amor nacido de la dispersión de la carne, en analogía con lo poético, encuentra su unidad y su salvación porque sigue el camino del conocimiento. Sí, la vía del amor es el delirio, pero por la vía de la belleza acude al recuerdo, toma alas elevándose y se dirige hacia lo alto y, a la manera del vuelo del pájaro, descuida las cosas de abajo izándose hacia las formas de posesión divinas, el delirio se trasciende en divino, lo que llamamos *loco* o *loca de amor.* El amor adquiere su unidad como *idea.* El llamado amor platónico que se vierte en la concepción del *Amour courtois,* se desliza a lo largo de La Edad Media a través de su manifestación en la poesía y su influencia se extiende hasta finales del siglo XIX. La divinización de la mujer, que sustituye a la pagana del efebo, conlleva la presencia de un *a priori* ideal femenino, hasta entonces ignorado.

Además de la tradición griega, hay que recordar la influencia de la mística castellana en María Zambrano, Teresa de Jesús y Juan de La Cruz. Mística que tiene sus orígenes en la cultura oriental —budismo, taoísmo, o el bíblico *Cantar de los Cantares*— y cuya introducción en el cristianismo fue problemática —recuérdense los procesos inquisitoriales al iluminismo—.

También debemos mencionar a Nietzsche en el universo zambraniano, tomando por ejemplo su afirmación en *Aurora* de que «todo lo que se hace por amor, se hace más allá del bien y del mal». *Se* retorna así hacia Juan de la Cruz, el místico —«toda ciencia trascendiendo»—, e irá destruyendo todo obstáculo que se oponga al amor hasta llegar a esa cárcel oscura del alma en la que nadie sabe «decirme lo que quiero», y que valiéndose del símil de la crisálida tras su encierro en el capullo —«noche oscura»—, lo quiebra —«salí sin ser notada»— cual ese permanente anhelo —«con ansias en amores inflamada»—. Fluye ese desasimiento liberador hacia el vuelo —«¡Apártalos, Amado que voy de vuelo?»—. Y la creación se visualiza en la luz originaria: «las montañas, / los valles solitarios nemorosos, / las ínsulas estrañas, / los ríos sonorosos, / el silvo de los ayres amorosos [...] / la noche sosegada, / en par de los levantes del aurora [...] / la soledad sonora...». Los elementos se van armonizando con la visión, los sonidos en una realidad en la que su sueño queda habitado en el despertar que se trasciende en la luz del amor.

Para la pensadora de la generación del 27 el amor es el esencial fundamento de su devenir creativo, ese amor originado en lo más profundo de ser y a la exclamación machadiana: «Dí por qué acequia escondida, agua vienes hacia mí», pudiera responderse,

> ¡Oh cristalina fuente,
> Si en esos tus semblantes plateados
> Formases de repente
> Los ojos deseados
> Que tengo en mis entrañas dibuxados!

Un instante de la experiencia preciosa de la preexistencia del amor, del amor que nos concierne y nos mira, que mira hacia nosotros. «Je est un autre», profirió Rimbaud anhe-

lando esa mutación hacia ese sentir cuya ausencia se refleja-
ra desgarradamente en su último poemario, *Une saison en
enfer*. «Yo soy otro», igualmente para el sufismo y esa otredad
que fluye hacia el amado o lo divino, y que implica –en este
contexto– la otredad universal que sobrepasa la tolerancia
para abrirse a la integración. Esa mirada del amor que ya reside en lo más hondo del ser. Eterno en una eternidad que
trasciende la del hombre en su vital caminar, y así lo concibe
Cernuda: «No es el amor quien muere, / somos nosotros
mismos». El amor como motor del movimiento del Universo para Dante: «l'amor che muove il sole e l'altre stelle».

Joaquín Verdú de Gregorio

Filosofía y poesía

A modo de prólogo

Este libro, me sea permitido decirlo, nacido, más que construido, lo fue en un momento de extrema, no me atrevo a decir, imposibilidad, lo cual no me parece tan excepcional, ya que no se pasa de lo posible a lo real, sino de lo imposible a lo verdadero. Por eso digo nacido, que es lo que para un ser viviente es lo más imposible, incluido al animal, a la planta, quizá a la piedra misma, a lo que forma la órbita del verdadero universo; y así, para no desanimar al siempre inverosímil lector, he de contar un poco cómo nació en la ciudad de Morelia, capital del estado de Michoacán, en México, en un otoño de indecible belleza.

Había ido quien esto escribe, también de un modo inverosímil, a México. E inverosímilmente también, esta actual edición la preparó para ser publicada en una colección mexicana. ¿Por qué y cómo escribí este libro entonces, es decir, en el cálido otoño de 1939? A los finales de la guerra de España fui invitada para ir a Cuba y aun insistentemente recabada por alguna Universidad norteamericana como profesora de español. Había yo ido, en los comienzos de la guerra de España, cuando me casé, en septiembre de 1936. Tras de una larga y azarosa travesía en un barco español, que partió de Cartagena, o sea, que había de atravesar el estrecho de Gibraltar y salir a aguas de la España imperial, llegamos a La Habana, en este buque que, según supimos después, iba a Veracruz. Mas al llegar a la Habana, bajo el poder del general Fulgencio Batista, el barco fue detenido, su tripulación encarcelada, y nosotros solamente sustraídos a esta suerte por un pasaporte diplomático. Creo haberlo ya relatado, que prodigiosamente en un lugar llamado «La Bodeguita del Medio», nos ofrecieron una cena unos cuantos intelectuales de izquierda, entre ellos, el muy joven e inédito José Lezama Lima, quien me sorprendió por su silencio y por referirse a lo poco que yo había publicado en la *Revista de Occidente*. Y todavía más, haber visto mi nombre entre los profesores —yo era simplemente ayudante— que fuimos a dar clase de Filosofía en este preclaro lugar. Fui invitada también a dar una conferencia en el Lyceum Club Femenino, lo que no hice sino aconsejada por el embajador de España que aún allí se mantenía. No olvidaré nunca, y me cabe decir que tampoco durante muchos años fue olvidada, aquella conferencia mía, sobre mi maestro Ortega y Gasset. Mas la meta del viaje era Chile, Valparaíso; y así, a través de un largo y costoso periplo, hubimos de pasar en barco el canal de Panamá. El paisaje de «Pablo y Virginia» se me apareció por entero allí. Y la llegada al otro lado del Océano, en Balboa, cuando se ponía el sol. Bajamos por ciudades cuyo nombre me parecía irreal, y aunque yo bien sabía que en Antofagasta, donde había que llevar la tierra desde el Norte porque allí era completamente estéril, se hablaba español, me quedé maravillada como si no lo supiera, ante este hecho. Y al fin, para no detenerme más en este inolvidable y decisivo viaje, llegamos a Valparaíso. Y desde allí, a través de un campo de cactus candelabro, a Santiago de Chile. En el instante mismo en que subíamos las escaleras del edificio de la Embajada, bajaba el embajador, quien nos dijo «no deshagan ustedes las maletas, que me acaba de llamar el Presidente de la República, para romper relaciones con España». No fue así, una vez más, pero la amenaza estaba en pie.

En consecuencia, ¿y qué tiene que ver todo esto con el libro *Filosofía y Poesía*? Pues que se trata de su génesis, de su nacimiento. Meses después, cuando fue llamada a filas la quinta de mi compañero, decidimos regresar a España, en el momento en que era más evidente que nunca la derrota de la causa en que creíamos. ¿Y por qué vuelven ustedes a España si saben muy bien que su causa está perdida? Pues por esto, por esto mismo.

Y ya con esto, me acerco a este libro *Filosofía y Poesía* que fue escrito cuando, después de la derrota, fuimos a México. Y tiene que ver íntimamente porque mi libro lo escribí en aquel otoño mexicano como homenaje a la Universidad de San Nicolás de Hidalgo, descendiente directa de los estudios de Humanidades, fundados por Don Vasco de Quiroga no lejos de las orillas del lago Pátzcuaro, que fue allí desde España, a la región de los indios tarascos, para fundar la Utopía de la República Cristiana de Tomás Moro. Utópico para mí el escribir este pequeño libro, pues que siendo irrenunciable en mi vida la vocación filosófica, era perfectamente utópico el que yo escribiera, y aun explicara, como lo hice, en la Universidad de San Nicolás de Hidalgo, Filosofía.

Entiendo por Utopía la belleza irrenunciable, y aun la espada del destino de un ángel que nos conduce hacia aquello que sabemos imposible, como el autor de estas líneas ha sabido siempre que Filosofía, ella, y no por ser mujer, nunca la podría hacer. Y la coincidencia se revela hasta en las palabras, pues en mi adolescencia alguien me preguntaba, a veces con compasión, a veces con ironía un tanto cruel, ¿y por qué va usted a estudiar Filosofía? Porque no puedo dejar de hacerlo, y en este libro he escrito, en aquel precioso otoño de 1939, qué utópico me parecía, en el más alto grado, poderlo escribir. Y a las Utopías, cuando son de nacimiento, no se las puede discutir aunque uno se rebele contra ellas. La ocasión fue que en el año 1940 pretendían ser tres las Universidades fundadas por los «bárbaros españoles», San Marcos de Lima, San Carlos de Guatemala y la Universidad que debía su existencia a los estudios de Humanidades fundada por Don Vasco de Quiroga. Tenía que agradecerlo de algún modo y aceptarlo, sin más, aunque de vez en cuando, yo me rebelase contra este imperio de escribir el libro, no exigido académicamente sino personalmente por mi entonces compañero, que sin medios ningunos lo fue imprimiendo en una imprenta que sólo podía tirar unos pliegos. Temblaba, como había temblado al tener que explicar en la ciudad de México, como miembro de la Casa de España, las tres conferencias que habían ya formado el volumen *Pensamiento y poesía en la vida española*. Mas precisamente cuando era el momento de dar por terminado el curso de la Universidad, se me pedía, por un mandato invisible que se encarnaba en mi entonces compañero, éste [libro] que ofrezco hoy al lector, después de haber sido publicado en la misma Morelia, recogido después y ya corregido a mano en algunos de los capítulos que forman el libro, en los ejemplares que se me dieron por la Universidad como regalo.

El primer capítulo de este libro fue publicado con mayor certidumbre en la revista *Taller*, fundada y dirigida por mi desde entonces amigo y admirado Octavio Paz. Pero en el momento de proseguir, ya se trataba de un libro, ya se trataba del ángel invisible e implacable que exige. Ya la forzosidad no servía, ya sólo era cuestión de vocación, de utópica vocación.

Fue dado a publicar este librito en segunda edición en las *Obras Reunidas* de la Editorial Aguilar, con una cierta seguridad por mi parte, a la que esta edición de Aguilar no ha correspondido en modo alguno.

Mas ahora renace en mí el temblor del nacimiento, como si lo estuviese escribiendo ahora, y sólo me atrevo a hacerlo por creer que lo nacido debe ser recogido, respetado. ¿Quién puede juzgar algo así? Yo no quiero escabullir mi responsabilidad. Se debe a un condescendimiento, no a la búsqueda de una altura. Sabido es que lo más difícil no es ascender, sino descender. Mas he descubierto que el condescendimiento es lo que otorga legitimidad, más que la búsqueda de las alturas. La virtud de la Virgen María fue no el encumbrarse, sino el condescender; eso sí, no sola. Yo no pretendo que en mí se cumpla, ni en este libro especialmente, la virginal virtud. No podría ser. Pero sí veo claro que vale más condescender ante la imposibilidad, que andar errante, perdido, en los infiernos de la luz. Júzgueme pues el eventual lector, desde este ángulo; que he preferido la oscuridad que en un tiempo ya pasado descubrí como penumbra salvadora, que andar errante, solo, en los infiernos de la luz. Es mi justificación. Júzgueme, pues, el amor, y si de tanto no soy digna, júzgueme pues la compasión. Y no digo más, creo que sea bastante, para el inverosímil, pero no imposible, lector.

María Zambrano
Madrid, 15 de febrero de 1987

Pensamiento y poesia

A pesar de que, en algunos mortales afortunados, poesía y pensamiento hayan podido darse al mismo tiempo y paralelamente, a pesar de que en otros más afortunados todavía, poesía y pensamiento hayan podido trabarse en una sola forma expresiva, la verdad es que pensamiento y poesía se enfrentan con toda gravedad a lo largo de nuestra cultura. Cada una de ellas quiere para sí eternamente el alma donde anida. Y su doble tirón puede ser la causa de algunas vocaciones malogradas y de mucha angustia sin término anegada en la esterilidad.

Pero, hay otro motivo más decisivo de que no podamos abandonar el tema y es que hoy, poesía y pensamiento se nos aparecen como dos formas insuficientes; y se nos antojan dos mitades del hombre: el filósofo y el poeta. No se encuentra el hombre entero en la filosofía; no se encuentra la totalidad de lo humano en la poesía. En la poesía encontramos directamente al hombre concreto, individual. En la filosofía al hombre en su historia universal, en su querer ser. La poesía es encuentro, don, hallazgo por la gracia. La filosofía búsqueda, requerimiento guiado por un método.

Es en Platón donde encontramos entablada la lucha con todo su vigor entre las dos formas de la palabra, resuelta triunfalmente para el logos del pensamiento filosófico, decidiéndose lo que pudiéramos llamar «la condenación de la poesía»; inaugurándose en el mundo de occidente la vida, azarosa y como al margen de la ley, de la poesía, su caminar por estrechos senderos, su andar errabundo y a ratos extraviado, su locura creciente, su maldición. Desde que el pensamiento consumó su toma del poder, la poesía se quedó a vivir en los arrabales, arisca y desgarrada diciendo a voz en grito todas las verdades inconvenientes; terriblemente indiscreta y en rebeldía. Porque si los filósofos no han gobernado aún ninguna república, la razón por ellos establecida ha ejercido un imperio decisivo en el conocimiento, y aquello que no era radicalmente racional, con curiosas alternativas, o ha sufrido su fascinación, o se ha alzado en rebeldía.

No tratamos de hacer aquí la historia de estas alternativas, aunque ya sería de gran necesidad, sobre todo estudiando sus íntimas conexiones con el resto de los fenómenos que imprimen carácter a una época. Antes de acometer tal empresa vale más esclarecer el fondo del dramático conflicto que motiva tales cambios; vale más atender a la lucha que existe entre filosofía y poesía y definir un poco los términos del conflicto en que un ser necesitado de ambas se debate. Vale, sí, la pena manifestar la razón de la doble necesidad irrenunciable de poesía y de pensamiento, y el horizonte que se vislumbra como salida del conflicto. Horizonte que, de no ser una alucinación nacida de una singular avidez, de un obstinado amor que sueña una reconciliación más allá de la disparidad actual, sería sencillamente la salida a un mundo nuevo de vida y conocimiento.

«En el principio era el verbo», el «logos», la palabra creadora y ordenadora, que pone en movimiento y legisla. Con estas palabras, la más pura razón cristiana viene a engarzarse con la razón filosófica griega. La venida a la tierra de una criatura que llevaba en su naturaleza una contradicción extrema, impensable, de ser a la vez divino y humano, no detuvo con su divino absurdo el camino del logos platónico-aristotélico, no rompió con la fuerza de la razón, con su primacía. A pesar de la «locura de la sabiduría» flagelante de San Pablo, la razón como última raíz del universo seguía en pie. Algo nuevo sin embargo había advenido: la razón, el logos era creador, frente al abismo de la nada; era la palabra de quien lo podía todo hablando. Y el logos quedaba situado más allá del hombre y más allá de la naturaleza, más allá del ser y de la nada. Era el principio más allá de todo lo principiado.

¿Qué raíz tienen en nosotros pensamiento y poesía? No queremos de momento definirlas, sino hallar la necesidad, la extrema necesidad que vienen a colmar las dos formas de la palabra. ¿A qué amor menesteroso vienen a dar satisfacción? ¿Y cuál de las dos necesidades es la más profunda, la nacida en zonas más hondas de la vida humana? ¿Cuál la más imprescindible?

Si el pensamiento nació de la admiración solamente, según nos dicen textos venerables[1], no se explica con facilidad que fuera tan prontamente a plasmarse en forma de filosofía

---

1. Aristóteles, *Metafísica*. L. I, 982b

sistemática; ni tampoco cómo haya sido una de sus mejores virtudes la de la abstracción, esa idealidad conseguida en la mirada, sí, mas un género de mirada que ha dejado de ver las cosas. Porque la admiración que nos produce la generosa existencia de la vida en torno nuestro no permite tan rápido desprendimiento de las múltiples maravillas que las suscitan. Y al igual que la vida, esta admiración es infinita, insaciable, y no quiere decretar su propia muerte.

Pero encontramos en otro texto venerable —más venerable por su triple aureola de la filosofía, la poesía y... la «Revelación»— otra raíz de donde nace la filosofía: se trata del pasaje del libro VII de *La República*, en que Platón presenta el «mito de la caverna». La fuerza que origina la filosofía allí es la violencia. Y ahora ya, sí, admiración y violencia juntas, como fuerzas contrarias que no se destruyen, nos explican ese primer momento filosófico en el que encontramos ya una dualidad y, tal vez, el conflicto originario de la filosofía: el ser primeramente pasmo extático ante las cosas y el violentarse en seguida para liberarse de ellas. Diríase que el pensamiento no toma la cosa que ante sí tiene más que como pretexto, y que su primitivo pasmo se ve enseguida negado, y quién sabe si traicionado, por esa prisa de lanzarse a otras regiones que le hacen romper su naciente éxtasis. La filosofía es un éxtasis fracasado por un desgarramiento. ¿Qué fuerza es ésa que la desgarra? ¿Por qué la violencia, la prisa, el ímpetu de desprendimiento?

Y así vemos ya más claramente la condición de la filosofía: admiración, sí, pasmo ante lo inmediato, para arrancarse violentamente de ello y lanzarse a otra cosa, a una cosa que hay que buscar y perseguir, que no se nos da, que no regala su presencia. Y aquí empieza ya el afanoso camino, el esfuerzo metódico por esta captura de algo que no tenemos, y necesitamos tener, con tanto rigor que nos hace arrancarnos de aquello que tenemos ya sin haberlo perseguido.

Con esto solamente sin señalar por el momento cuál sea el origen y significación de la violencia, ya es suficiente para que ciertos seres de aquellos que quedaron prendidos en la admiración originaria, en el primitivo *thaumasein* no se resignen ante el nuevo giro, no acepten el camino de la violencia. Algunos de los que sintieron su vida suspendida, su vista enredada en la hoja o en el agua, no pudieron pasar al segundo momento en que la violencia interior hace cerrar los ojos buscando otra hoja y otra agua más verdaderas. No, no todos fueron por el camino de la verdad trabajosa y quedaron aferrados a lo presente e inmediato, a lo que regala su presencia y dona su figura, a lo que tiembla de tan cercano; ellos no sintieron violencia alguna o quizá no sintieron esa forma de violencia; no se lanzaron a buscar el trasunto ideal, ni se dispusieron a subir con esfuerzo el camino que lleva del simple encuentro con lo inmediato hasta aquello permanente, idéntico a sí mismo *Idea*. Fieles a las cosas, fieles a su primitiva admiración extática, no se decidieron jamás a desgarrarla; no pudieron, porque la cosa misma se había fijado ya en ellos, estaba impresa en su interior. Lo que el filósofo perseguía lo tenía ya dentro de sí, en cierto modo, el poeta; de cierto modo, sí, ¡de qué diferente manera!

¿Cuál era esta diferente manera de tener ya la cosa, que hacía justamente que no pudiera nacer la violencia filosófica?, ¿y que sí producía, por el contrario, un género especial de desasosiego y una plenitud inquietante, casi aterradora? ¿Cuál era este poseer dulce e inquieto que calma y no basta? Sabemos que se llamó poesía y ¿quién sabe si algún otro nombre borrado? Y desde entonces el mundo se dividiera, surcado por dos caminos. El camino de la filosofía, en el que el filósofo impulsado por el violento amor a lo que buscaba abandonó la superficie del mundo, la generosa inmediatez de la vida, basando su ulterior posesión total, en una primera renuncia. El ascetismo había sido descubierto como instrumento de este género de saber ambicioso. La vida, las cosas, serían exprimidas de una manera implacable; casi cruel. El pasmo primero será convertido en persistente interrogación; la inquisición del intelecto ha comenzado su propio martirio, y también el de la vida.

El otro camino es el del poeta. El poeta no renunciaba ni apenas buscaba, porque tenía. Tenía por lo pronto lo que ante sí, ante sus ojos, oídos y tacto, aparecía; tenía lo que miraba y escuchaba, lo que tocaba, pero también lo que aparecía en sus sueños, y sus propios fantasmas interiores mezclados en tal forma con los otros, con los que vagaban fuera, que juntos formaban un mundo abierto donde todo era posible. Los límites se alteraban de tal modo que acababa por no haberlos. Los límites de lo que descubre el filósofo, en cambio, se van precisando y distinguiendo de tal manera que se ha formado ya un mundo con su orden y perspectiva, donde ya existe el principio y lo «principiado»; la forma y lo que está bajo ella.

El camino de la filosofía es el más claro, el más seguro; la Filosofía ha vencido en el conocimiento pues que ha conquistado algo firme, algo tan verdadero, compacto e independiente que es absoluto, que en nada se apoya y todo viene a apoyarse en él. La aspereza del camino y la renuncia ascética han sido largamente compensadas.

En Platón, el pensamiento, la violencia por la verdad, ha reñido tan tremenda batalla con la poesía que se siente su fragor en innumerables pasajes de sus diálogos, diálogos dramáticos donde luchan las ideas, y bajo ellas otras luchas aún mayores se adivinan. La mayor quizá ésta de haberse decidido por la filosofía quien parecía haber nacido para la poesía. Y tan es así, que en cada diálogo pasa siquiera una vez rozándola, comprobando su razón, su justicia, su fortaleza. Mas también es ostensible que, en los pasajes más decisivos, cuando aparece agotado ya el camino de la dialéctica y como un más allá de las razones, irrumpe el mito poético. Así en la *República*, en el *Banquete*, en el *Fedón*..., de tal manera que al acabar la lectura de este último, el más sobrecogedor y dramático de todos, nos queda la duda acerca de la íntima verdad de Sócrates. Y la idea del maestro callejero, su vocación de pensador trotacalles, vacila. ¿Cuál era su íntimo saber, cuál la fuente de su sabiduría, cuál la fuerza que mantuvo tan bella y clara su vida? El que dice que «la filosofía es una preparación para la muerte», abandona la filosofía al llegar a sus umbrales y pisándolos ya casi, hace poesía y burla. ¿Es que la verdad era otra? ¿Tocaba ya alguna verdad más allá de la filosofía, una verdad que solamente podía ser revelada por la belleza poética; una verdad que no puede ser demostrada, sino sólo sugerida por ese *más* que expande el misterio de la belleza sobre las razones? ¿O es que las verdades últimas de la vida, las de la muerte y el amor, son, aunque perseguidas, halladas al fin por donación, por hallazgo venturoso, por lo que después se llamará «gracia» y que ya en griego lleva su hermoso nombre, *jaries, cárites*?

En todo caso, Sócrates con su misterioso «demonio» interior y su clara muerte, y Platón con su filosofía, parecen sugerir que un pensar puro, sin mezcla poética alguna, no había hecho sino empezar. Y lo que pudiera ser una «pura» filosofía no contaba aún con fuerzas suficientes para abordar los temas más decisivos que a un hombre alerta de su tiempo se le presentaban.

La poesía perseguía, entre tanto, la multiplicidad desdeñada, la menospreciada heterogeneidad. El poeta enamorado de las cosas se apega a ellas, a cada una de ellas y las sigue a través del laberinto del tiempo, del cambio sin poder renunciar a nada: ni a una criatura ni a un instante de esa criatura, ni a una partícula de la atmósfera que la envuelve, ni a un matiz de la sombra que arroja, ni del perfume que expande, ni del fantasma que ya en ausencia suscita. ¿Es que acaso al poeta no le importa la unidad? ¿Es que se queda apegado vagabundamente —inmoralmente— a la multiplicidad aparente, por desgana y pereza, por falta de espíritu ascético para perseguir [a] esa amada del filósofo: la unidad?

Con esto tocamos el punto más delicado quizá de todos: el que proviene de la consideración «unidad-heterogeneidad». Hemos apuntado en las líneas que anteceden las divergencias del camino al dirigirse el filósofo hacia el ser oculto tras las apariencias, y al quedarse el poeta sumido en estas apariencias. El ser había sido definido como unidad ante todo, por eso estaba oculto, y esa unidad era, sin duda, el imán suscitador de la violencia filosófica. Las apariencias se destruyen unas a otras, están en perpetua guerra, quien vive en ellas perece. Es preciso «salvarse de las apariencias», primero, y salvar después las apariencias mismas: resolverlas, volverlas coherentes con esa invisible unidad. Y quien ha alcanzado la unidad ha alcanzado también todas las cosas que son pues, en cuanto que son, participan de ella, o en cuanto que son, son unas. Quien tiene, pues, la unidad lo tiene todo. ¿Cómo no explicarse la urgencia del filósofo, la violencia terrible que le hace romper las cadenas que le amarran a la tierra y a sus compañeros; ¿qué ruptura no estaría justificada por esta esperanza de poseerlo todo, todo? Si Platón nos resulta tan seductor en el «Mito de la Caverna» es, ni más ni menos, porque en él nos descubre la esperanza de la filosofía, la esperanza que es la justificación última, total. La esperanza de la filosofía, mostrándonos que la tiene, pues religión, poesía y hasta esa forma especial de la poesía que es la tragedia son formas de la esperanza, mientras la filosofía queda desesperanzada, desolada más bien. Y no han hecho, tal vez, otra cosa los más altos filósofos; al final de sus cadenas de razones hechas para romper las cadenas del mundo y de la naturaleza, hay algo que las rompe a ellas también y que se llama a veces vida teorética, a veces «*amor dei intellectualis*», a veces «autonomía de la persona humana».

Hay que salvarse de las apariencias, dice el filósofo, por la unidad, mientras el poeta se queda adherido a ellas, a las seductoras apariencias. ¿Cómo puede, si es hombre, vivir tan disperso?

Asombrado y disperso es el corazón del poeta —«mi corazón latía, atónito y disperso»—[2]. No cabe duda de que este primer momento de asombro se prolonga mucho en el poeta, pero no nos engañemos creyendo que es su estado permanente del que no puede salir. No, la poesía tiene también su vuelo; tiene también su unidad, su trasmundo.

De no tener vuelo el poeta, no habría poesía, no habría palabra. Toda palabra requiere un alejamiento de la realidad a la que se refiere; toda palabra es también una libera-

2. Antonio Machado

45

ción de quien la dice. Quien habla, aunque sea de las apariencias, no es del todo esclavo; quien habla, aunque sea de la más abigarrada multiplicidad, ya ha alcanzado alguna suerte de unidad, pues que, embebido en el puro pasmo, prendido a lo que cambia y fluye, no acertaría a decir nada, aunque este decir sea un cantar.

Y ya hemos mentado algo afín, muy afín a la poesía, pues que anduvieron mucho tiempo juntas: la música. Y en la música es donde más suavemente resplandece la unidad. Cada pieza de música es una unidad y sin embargo sólo está compuesta de fugaces instantes. No ha necesitado el músico echar mano de un ser oculto e idéntico a sí mismo para alcanzar la transparente e indestructible unidad de sus armonías. No es la misma, sin duda, la unidad del ser a la que aspira el filósofo a esta unidad asequible que alcanza la música. Por el pronto, esta unidad de la música está ya ahí realizada, es una unidad de creación; con lo disperso y pasajero se ha construido algo uno, eterno. Así, el poeta en su poema crea una unidad con la palabra, esas palabras que tratan de apresar lo más tenue, lo más alado, lo más distinto de cada cosa, de cada instante. El poema es ya la unidad no oculta, sino presente; la unidad realizada, diríamos encarnada. El poeta no ejerció violencia alguna sobre las heterogéneas apariencias, y sin violencia alguna también logró la unidad. Al igual que la multiplicidad primero, le fue donada graciosamente por obra de las «cárites».

Pero hay, por el pronto, una diferencia; así como el filósofo si alcanzara la unidad del ser, sería una unidad absoluta, sin mezcla de multiplicidad alguna, la unidad lograda del poeta en el poema es siempre incompleta; y el poeta lo sabe, y ahí está su humildad: en conformarse con su frágil unidad lograda. De ahí ese temblor que queda tras de todo buen poema y esa perspectiva ilimitada, estela que deja toda poesía tras de sí y que nos lleva tras ella; ese espacio abierto que rodea a toda poesía. Pero aun esta unidad lograda, aunque incompleta, parece siempre gratuita en oposición a la unidad filosófica tan ahincadamente perseguida.

El filósofo quiere lo uno, porque lo quiere todo, hemos dicho. Y el poeta no quiere propiamente *todo*, porque teme que en este todo no esté en efecto *cada una* de las cosas y sus matices; el poeta quiere una, cada una de las cosas, sin restricción, sin abstracción ni renuncia alguna. Quiere un todo desde el cual se posea cada cosa, pero no entendiendo por cosa esa unidad hecha de sustracciones. La cosa del poeta no es jamás la cosa conceptual del pensamiento, sino la cosa complejísima y real, la cosa fantasmagórica y soñada, la inventada, la que hubo y la que no habrá jamás. Quiere la realidad, pero la realidad poética no es sólo la que hay, la que es; sino la que no es; abarca el ser y el no ser en admirable justicia caritativa, pues todo, todo tiene derecho a ser, hasta lo que no ha podido ser jamás. El poeta saca de la humillación del no ser a lo que en él gime; saca de la nada a la nada misma y le da nombre y rostro. El poeta no se afana para que las cosas que hay, unas sean, y otras no lleguen a este privilegio, sino que trabaja para que todo lo que hay y lo que no hay, llegue a ser. El poeta no teme a la nada.

Aparición, presencia que tiene su trasmundo en que apoyarse. La matemática sostiene al canto. ¿No tendrá también la poesía su trasmundo, su más allá en que apoyarse, su matemática?

Así es, sin duda: el poeta alcanza su unidad en el poema más pronto que el filósofo. La unidad de la poesía baja en seguida a encarnarse en el poema y por ello se consume aprisa. La comunicación entre el logos poético y la poesía concreta y viva es más rápida y más frecuente; el logos de la poesía es de un consumo inmediato, cotidiano; desciende a diario sobre la vida, tan a diario que, a veces, se la confunde con ella. Es el logos que se presta a ser devorado, consumido; es el logos disperso de la misericordia que va a quien lo necesita, a todos los que lo necesitan. Mientras que el de la filosofía es inmóvil, no desciende y sólo es asequible a quien puede alcanzarlo por sus pasos.

«Todos los hombres tienen por naturaleza deseo de saber», dice Aristóteles al comienzo de su *Metafísica*, justificando así de antemano este «saber que se busca». Mas pasando por alto que en efecto *todos* los hombres necesiten este saber, se presenta en seguida la pregunta en que pedimos cuenta a la filosofía. ¿Cómo, si todos te necesitan, tan pocos son los que te alcanzan?

¿Es que alguna vez la Filosofía ha ido a todos? ¿Es que en algún tiempo el logos ha amparado la endeble vida de cada hombre? Si hemos de hacer caso de lo que dicen los propios filósofos, sin duda que no; mas es posible que, más allá de ellos mismos, haya sido en alguna dimensión, en alguna manera. En alguna manera, en algo sin duda muy vivo y muy valioso que ahora cuando aparece destruido —con inconsciente despreocupación de algunos «filósofos» a quienes parece dejar indiferente el que la filosofía *sirva*—, ahora, cuando vemos su vacío en la vida del hombre, es cuando más nos damos cuenta.

Pero con la poesía, en cambio, no cabe esta cuestión. La poesía humildemente no se planteó a sí misma, no se estableció a sí misma, no comenzó diciendo que todos los hombres naturalmente necesitan de ella. Y es una y es distinta para cada uno. Su unidad es tan elástica, tan coherente que puede plegarse, ensancharse y casi desaparecer; desciende hasta su carne y su sangre, hasta su sueño.

Por eso la unidad a [la] que el poeta aspira está tan lejos de la unidad hacia la que se lanza el filósofo. El filósofo quiere lo uno, sin más, por encima de todo.

Y es porque el poeta no cree en la verdad, en esa verdad que presupone que hay cosas que son y cosas que no son, y, en consecuencia, verdad y engaño. Para el poeta no hay engaño, si no es el único de excluir, por mentirosas, ciertas palabras. De ahí que frente a un hombre de pensamiento, el poeta produzca la impresión primera de ser un escéptico. Mas no es así; ningún poeta puede ser un escéptico, ama la verdad; mas no la verdad excluyente, no la verdad imperativa, electora, seleccionadora de aquello que va a erigirse en dueño de todo lo demás, de *todo*. ¿Y no se habrá querido para eso el todo; para poder ser poseído, abarcado, dominado? Algunos indicios hay de ello.

Sea o no así, el «todo» del poeta es bien diferente, pues no es el todo como horizonte, ni como principio; sino en todo caso un todo *a posteriori* que sólo lo será cuando ya cada cosa haya llegado a su plenitud.

La divergencia entre los dos logos es suficiente como para caminar de espaldas largo trecho. La filosofía tenía la verdad, tenía la unidad. Y aún todavía la ética, porque la verdad filosófica era adquirida paso a paso esforzadamente, de tal manera que al arribar a ella se siente ser uno, uno mismo, quien la ha encontrado. ¡Soberbia de la filosofía! Y la unidad y la gracia que el poeta halla como fuente milagrosa en su camino son regaladas, descubiertas de pronto y del todo, sin rutas preparatorias, sin pasos ni rodeos. El poeta no tiene método... ni ética.

Este es, al parecer, el primer frente a frente del pensamiento y la poesía en su encuentro originario, cuando la Filosofía soberbia se libera de lo que fue su cálida matriz; cuando la Filosofía se resuelve a ser razón que capta el ser, ser que expresado en el logos nos muestra la verdad. La verdad... ¿Cómo teniéndola no ha sido la filosofía el único camino del hombre desde la tierra hasta ese alto cielo inmutable donde resplandecen las ideas? El camino sí se hizo, pero hay algo en el hombre que no es razón, ni ser, ni unidad, ni verdad —esa razón, ese ser, esa unidad, esa verdad—. Mas no era fácil demostrarlo, ni tampoco se quiso, porque la poesía no nació en polémica, y su generosa presencia jamás se afirmó polémicamente. No surgió frente a nada.

No es polémica la poesía, pero puede desesperarse y confundirse bajo el imperio de la fría claridad del logos filosófico, y aun sentir tentaciones de cobijarse en su recinto. Recinto que nunca ha podido contenerla, ni definirla. Y al sentir el filósofo que se le escapaba, la confinó. Vagabunda, errante, la poesía pasó largos siglos. Y hoy mismo, apena y angustia el contemplar su limitada fecundidad, porque la poesía nació para ser la sal de la tierra y grandes regiones de la tierra no la reciben todavía. La verdad quieta, hermética, todavía no la recibe... «En el principio era el logos». Sí, pero... *«el logos se hizo carne y habitó entre nosotros lleno de gracia y de verdad»**.

---

* Ver nota I, pág. 149.

Poesía y ética

A veces, unas cuantas palabras ignoradas alcanzan un eco que resuena por espacio de siglos. Es que en ellas trasparece una actitud esencial. Palabras que son hechos; y como los hechos, aunque hayan sido realizados por alguien de marcadísima personalidad, parecen tener siempre algo de impersonal. Puede olvidarse quién las dijo y pueden olvidarse hasta las palabras mismas. Pero queda actuando, vivo y duradero, su sentido.

Tal ha sucedido con la condenación platónica de la poesía, en nombre de la moral, en el diálogo *La República*. En nombre de la moral: de la verdad y la justicia. Constituye uno de los acontecimientos más decisivos del mundo; y como aconteció en la Grecia luminosa, es perfectamente transparente, es decir: deja aparecer todas sus causas; muestra perfecta justificación. De Grecia nos viene la luz, y así, todo lo que en ella acontece se presenta con una claridad deslumbradora, lo cual no quiere decir que vayamos a entenderlo sin esfuerzo, ni siquiera que lo entendamos. Pero percibimos en seguida que es perfectamente inteligible. Y antes que intentemos penetrar en sus adentros nos sorprende ese misterio de la luz en que viene bañado. La sorpresa ante la revelación que nos avisa de cuán milagroso es esto de la claridad, de la transparencia en las cosas humanas. Sorpresa que nos preserva de la «obviedad», de considerar como muy natural y obvio lo que aparece tan luminosamente, que es uno de los peligros en que podemos caer con lo que se adelanta a recibirnos, y nos hace el regalo de su presencia: que no advirtamos su gracia, la generosidad de su donación. Y de ahí a la creencia en el «sentido común» no hay más que un paso. Mas, frente a las cosas de Grecia, el fantasma del «sentido común» se retira vencido por el misterio de esa luz reveladora, esplendente.

Así la condenación platónica a la poesía, al poeta. Tiene tal profundidad su raíz que ha merecido la adhesión de todos los que a través de los siglos se «suman a las opiniones» triunfantes, pero su propia fuerza, su áspera claridad, los ha ahuyentado hasta cierto punto, y por ventura. Se ha admitido, pero pocas veces se ha comentado.

Mejor sería, sin embargo. Con el comentario se hubiera hecho patente por lo pronto una distinción importante: que una cosa es la condenación platónica, y otra el resentimiento de los filisteos de todos los países, unidos. Que una cosa es la lucha terrible de la poesía con la verdad y la justicia, y otra, de muy diferente rango y dimensión, la mal disimulada envidia de quienes no la alcanzan, sin alcanzar tampoco por eso la verdad ni la justicia.

Pero abandonemos la consideración de esta mirada de través con que ciertos seres favorecen a las más altas cosas de la vida humana, para ir a sumergirnos, hasta donde podamos, en la consideración del grave conflicto.

Es en *La República* donde Platón formula su condenación explícita y ásperamente, con esa aspereza con la que nos solemos desprender de lo que más queremos. Es en *La República*, al establecer las bases de la sociedad perfecta. Y estas bases no son sino una: Justicia. La poesía, pues, va contra la Justicia. Y va contra la Justicia, la poesía, porque va contra la verdad.

Y es que la idea de *ser* determina toda la situación del filósofo griego y le obliga a muchas cosas. El ser es el descubrimiento griego por excelencia (sobre éste sí se ha arrojado la vulgaridad del «sentido común», como si el sentido común hubiera sido jamás capaz de descubrirlo; como si el sentido común no fuese simplemente el último estrato, la decadencia del descubrimiento genial del ser y de todas las consecuencias que le siguen). Platón va a serle fiel, hasta sus últimas consecuencias; va a entregarse a este descubrimiento con toda plenitud, con toda lealtad. Y de esta lealtad es parte, sin duda, el considerar y destacar como virtud máxima a la Justicia. La Justicia no es sino el correlato del ser en la vida humana.

No es de olvidar que tiempos antes otro filósofo, un filósofo de los primeros instantes de esta clara aurora del pensamiento griego, pensara algo que puede parecer inverso a esta interpretación ética del ser. Es decir, que la injusticia es el ser —el ser de las cosas— precisamente, y que para repararla sería preciso que las cosas se reintegraran, de cierta manera, al oscuro, indeterminado *ápeiron* No hay razón para que algo sea independientemente, para que algo se aparte del todo y rompa su armonía. No hay motivo para que sea concedida la existencia a nada determinado, y el que algo exista es ya una injusticia. Porque todo *ser algo*, significa ser a costa de algo; ser a costa de que otro algo no sea.

Envuelto en una sutil belleza aparece así también en Heráclito. Ser es ser contrario. La unidad jamás es completa, porque ha de ser referida continuamente a «lo otro». Lo que es, hace alusión constantemente a «lo otro» que él es, y aun a lo que no es, sin más. La unidad, compañera inseparable del ser, no reside íntegramente en ningún ser, sino únicamente en el todo. Sólo la armonía de todos los contrarios es. Justicia sería esta total armonía, solamente.

En la armonía también la busca Platón. Nada es justo, sino en su referencia al todo. Pero este todo no representa la integración de los contrarios, ni mucho menos la del ser y el no ser. Es un todo en torno de lo que es. La justicia aun siendo armonía es vindicativa, punitiva. Recoge en su concierto la disparidad, en torno a la unidad. Afirma y niega, escinde. Y algo de lo que niega es la poesía.

¿Por qué? Porque representa a la mentira. Todo representar es ya mentira. No hay más verdad que la que refleja al ser que es. Lo demás es casi crimen. La creación humana es puramente reflejante; limpio espejo el hombre, en su razón, del ordenado mundo, reflejo a su vez de las altas ideas. Lo que no es razón, es mitología, es decir, engaño adormecedor, falacia; sombra de la sombra en la pétrea pared de la caverna.

Y es más, para Platón, en realidad, la poesía no es que sea una mentira, sino que es *la mentira*. Sólo la poesía tiene el poder de mentir, porque sólo la poesía tiene el poder de escapar a la fuerza del ser. Sólo ella se escapa del ser, lo elude, lo burla. Un pensamiento desafortunado puede llevar al error, a la confusión, a la verdad medio velada, incompleta. Pero mentira, lo que se dice mentira, solamente [es] la poesía. Sólo ella finge, da lo que no hay, finge lo que no es; transforma y destruye. Porque, ¿cómo va a ser posible que el engaño exista en la razón, si la razón no hace sino ajustarse al ser? ¿Cómo va a desviarse la razón de la realidad, si la realidad es ser y el ser es de naturaleza análoga a la razón? El hombre es una criatura afortunada, y su única desgracia es tener que esperar y en la espera desvelarse, desvelar lo que le está encubierto, pero ¡tan propicio a ser desvelado!

El hombre no es tan siquiera una criatura incompleta, sino simplemente encubierta, envuelta en los velos del olvido. La verdad, desgarrando sus velos, le devuelve a la unidad su origen, le reintegra. Conocer es acordarse, y acordarse es reconocerse en lo que es, como siendo; es reconocerse en unidad. Conocer es desvanecer el velo del olvido, la sombra, para, en la luz, ser íntegramente. Porque el hombre *es*, y sólo tiene que reconocerlo. La Filosofía recorre este camino, lo abrevia, y merced a ella, no es necesario salir de este mundo para ser en plenitud. El filósofo, el que sabe, no tiene que sentir impaciencia porque la última pared del tiempo caiga; él ya *sabe* y la determinación del tiempo no le va a revelar nada nuevo. El tiempo no es nada que tenga ser, y una vez que ya sabemos, poco importa, porque la vida es una enfermedad que con el tiempo se remedia. El mismo tiempo colabora con el filósofo en su recorrido.

Y así vemos que en Grecia el optimismo, la esperanza, se abrió paso por la vía del pensamiento. La razón, el hermosísimo descubrimiento griego correlativo al ser, era libertadora. Razón y esperanza fueron, entonces, juntas. La contraposición que después, en el mundo cristiano, se ha realizado entre razón y esperanza, entre razón y fe, pretendiendo extenderla hasta el nacimiento de ambas, es por completo infundada y constituye un error de perspectiva. Cuando nació la razón en los hermosos días de Grecia fue la depositaria, el vehículo de la esperanza, y así aparece espléndidamente en Platón. El mito de la caverna, el final del *Fedón*, y tantos otros pasajes, claramente nos lo manifiestan. Y lo reafirman dos hechos: su significación frente al mundo de la tragedia griega, y la rapidísima y portentosa unión que se realizara después entre razón griega y fe —esperanza— cristiana.

El pesimismo, la melancolía, la angustia, están en la tragedia, en el mundo de los dioses despiadados. Humanos, demasiado humanos, estos dioses tenían cercado al hombre, en realidad. Le atajaban su paso, le vigilaban y oprimían. ¡Pobres hombres bajo el terror de tanta divinidad celosa, vengativa, de tanta justicia despiadada! Justicia también la de los dioses, pero justicia divina, es decir, irracional, puramente vindicativa. El hombre era menos que los dioses y tenía, en consecuencia, que ser arrollado por ellos.

Frente a esto, la justicia platónica significaba la justicia humana, la humanización de la justicia. Su República era la ciudad construida por el hombre con su razón. Era la independencia humana, el recinto que el hombre, al fin, había encontrado; su señorío; la ciudad donde realizaba su ser. Todavía era imposible pensar en una realización del hombre individual. Todavía el hombre individual no *era*, pero sí era el hombre, la humanidad. Platón estaba demasiado cerca de los dioses y de los mitos, del mundo de la tragedia del cual se preparaba, en su ardiente juventud, a ser un cantor más. Estaba todavía demasiado cerca de todo ello, para tener la audacia de pensar el ser en el hombre concreto, en la débil y desvaída realidad de cada hombre. Ya era bastante el que la humanidad, de por sí, existiera. La ciudad ideal de la República era, desde este punto de vista, una especie de garantía, de aplacamiento para los dioses. Los hombres iban a existir, pero era como si existiera un solo hombre.

Y siempre que algo se revela lo hace íntegramente, pero indeterminadamente. Se dibuja su silueta, mas el contenido con toda su diferenciación no aparece tan rápidamente. Así Platón, en su afán por la independencia humana, por su hacer salir al hombre del orbe de la tragedia, reunió el contenido humano y lo puso bajo el manto de la razón. Pues que, al fin, por la razón existía el hombre, y se liberaba de los dioses tiránicos.

El poeta era el único agente de esta tiranía, el único cuya voz no pregonaba la razón. La única voz del pasado, del ayer trágico y melancólico. El poeta era el representante de los dioses. De todos los dioses; de los antiguos, de los modernos y de los desconocidos, pues que era capaz de inventar otros. El «logos» se traicionaba a sí mismo en la poesía, funcionaba ilegítimamente. Y es que la poesía, aunque palabra, no era razón. ¿Cómo es posible este divorcio?

El «logos» —palabra y razón se escinde por la poesía, que es palabra, sí, pero irracional. Es, en realidad, la palabra puesta al servicio de la embriaguez. Y en la embriaguez el hombre es ya otra cosa que hombre; alguien viene a habitar su cuerpo; alguien posee su mente y mueve su lengua; alguien le tiraniza. En la embriaguez, el hombre duerme, ha cesado perezosamente en su desvelo y ya no se afana en su esperanza racional. No sólo se conforma con las sombras de la pared cavernaria, sino que, sobrepasando su condena, crea sombras nuevas, y llega hasta a hablar de ellas y con ellas. Traiciona a la razón usando su vehículo, la palabra, para dejar que por ella hablen las sombras, para hacer de ella la forma del delirio· El poeta no quiere salvarse; vive en la condenación y todavía más, la extiende, la ensancha, la ahonda. La poesía es, realmente, el infierno.

El infierno, que es —como siglos más tarde un poeta platónico dijera— «el lugar donde no se espera» es también el lugar de la poesía, porque la poesía es lo único rebelde ante la esperanza de la razón. La poesía es embriaguez y sólo se embriaga el que está desesperado y no quiere dejar de estarlo. El que hace de la desesperación su forma de ser, su existencia.

Y así es en el mundo de la tragedia. Pero también [en] el mundo de la lírica griega. Embriaguez y canto; canto panida, pánico; melancolía inmensa de vivir, de desgranar los instantes uno a uno, para que pasen sin remedio. Y la muerte. La poesía no acepta la razón para morir; la razón como aquello que vence a la muerte. Para la poesía, a la muerte nada la vence, sino es, momentáneamente, el amor. Sólo el amor. Pero el amor desesperado, el amor que va, irremisiblemente también, hacia la muerte.

La razón como esperanza. Pero a costa de cuánta renuncia. Y ¿quién le consolará al poeta del minuto que pasa, quién le persuadirá para que acepte la muerte de la rosa, de la frágil belleza de la tarde, del olor de los cabellos amados, de eso que el filósofo llama «las apariencias»?

Dice Anacreonte: «¿De qué sirve el que me enseñes las reglas y los sofismas de los rétores? ¿Qué necesidad tengo de todas estas palabras que no me sirven para nada? Enséñame, ante todo, a beber el dulce licor de Baco; enséñame a volar con Venus, la de las trenzas de oro. Cabellos blancos coronan mi cabeza. Dame agua, vierte el vino, joven adolescente; aduerme mi razón. Pronto habré cesado de vivir y cubrirás mi cabeza con un velo. Los muertos ya no tienen deseos».

La poesía se aferra al instante y no admite la esperanza, el consuelo de la razón. Al acercarnos a la razón y a la poesía en sus comienzos, en su aurora esplendente griega, aparecen con papeles contrarios a los que imaginamos. En los tiempos modernos, la desolación ha venido de la filosofía, y el consuelo de la poesía. Mas aquí vemos lo contrario, la poesía es la voz de la desesperación, de la melancolía y del amor a lo pasajero que no se quiere consolar de perderlo y de perderse. Por eso se embriaga. «Acerca mi copa, porque es mejor para mí estar tendido ebrio, que muerto»

La vida, la vida maravillosa no puede ser salvada, camina hacia la muerte y cuando llega la vejez —«cabellos blancos coronan mi cabeza»— ni el deseo ha desaparecido, ni nada en el alma ha madurado. Ninguna otra vida tras el abrasador fuego del deseo aparece. Sólo la muerte y la embriaguez.

Y el delirio. La razón no es sino renuncia, o tal vez impotencia de la vida. Vivir es delirar. Lo que no es embriaguez, ni delirio, es cuidado. Y ¿a qué el cuidado por nada, si todo ha de terminarse? El filósofo concibe la vida como un continuo alerta, como un perpetuo vigilar y cuidarse. El filósofo jamás duerme, desecha de sí todo canto halagador que pudiera adormirle toda seducción, para mantenerse lúcido y despierto. El filósofo vive en su conciencia, y la conciencia no es sino cuidado y preocupación.

Cuidado y preocupación, porque tiene algo que no acaba de tener el dueño de esta conciencia . Porque tiene un comienzo de algo imperecedero y que, sin embargo, depende para su logro de que él lo logre. Porque el filósofo siente que se le ha dado, junto con la vida, una reminiscencia. Reminiscencia de su origen, que le llevará a su fin, si pone cuidado de concertar su vida a ella. Pero el poeta no siente la reminiscencia sino que, huésped enteramente de este mundo, lo ama y se siente apegado a sus goces. ¿Es que el poeta, poseído por el entusiasmo, ha sido sin embargo dejado de la mano de los dioses? ¿O es acaso que está poseído enteramente por lo divino de este mundo y, por ello, no quiere por nada abandonarlo?

Le poseen, sí, los dioses de este mundo, que, sin duda, los tiene. El mismo Platón en el *Fedro* habla de los efectos de la belleza a causa de su resplandor, y del sagrado terror que produce en el amante la belleza de la criatura amada. Y, comparando a la belleza con la sabiduría, da a entender que la belleza nos atrae más porque es visible. «En cuanto a la belleza, brilla, como ya he dicho, entre todas las demás esencias, y en nuestra estancia terrestre, donde lo eclipsa todo con su brillantez, la reconocemos por el más luminoso de nuestros sentidos. La vista es, en efecto, el más sutil de todos los órganos del cuerpo. No puede, sin embargo, percibir la sabiduría porque sería increíble nuestro amor por ella si su imagen y las imágenes de las otras esencias dignas de nuestro amor se ofreciesen a nuestra vista, tan distintas y tan vivas como son».

La vista percibe la belleza que brilla, mas no puede percibir la sabiduría. A esta sabiduría que no brilla ante los ojos —el más sutil de nuestros sentidos— se dirige el filósofo a través de la reminiscencia. Por la reminiscencia, porque el filósofo no puede todavía aceptar que algo existente sea conocido más que por su inmediata presencia. Y como no es aquí ni ahora, cuando se me ofrece esta presencia, tendrá que haber sido anteriormente más allá de este tiempo. Si las esencias inmortales no se me descubren ahora y sin embargo las amo y tiendo irrefrenablemente hacia ellas, tendrán por fuerza que haberme sido presentes, familiares, en algún otro tiempo y en algún otro lugar.

Pero el poeta está poseído por la hermosura que brilla, por la belleza resplandeciente que destaca entre todas las cosas. Y sabe, es lo único que no puede olvidar, que tendrá que dejar de verla, de gozar su brillo. El poeta está, para su desventura, consagrado a una divinidad que perece, en el doble sentido de que la vemos irse ante nosotros y de que nosotros también nos iremos a donde ella ya no esté.

El poeta olvida lo que el filósofo se afana en recordar, y tiene presente en todo instante lo que el filósofo ha desechado para siempre. El poeta se desentiende de la reminiscencia que despierta a la razón, y está en vela ante todo lo que el filósofo ha olvidado. Cuentan de un emperador de la China que mandó hacer sonar una tierna melodía para acompañar a las flores que estaban abriéndose. No otra cosa hace el poeta; se mantiene alerta hasta desvivirse, ante los cambios, ante los menudos y tremendos cambios en que nacen y mueren, se consumen, las cosas.

Y por esto, el poeta pide al pintor que le aprese las apariencias amadas, las apariencias que desdeña el filósofo. El «fantasma» de las apariencias, que dice Platón, imita la pintura, que es así «fantasma de fantasma». ¡Con qué severidad cruelísima decretaba Platón la abolición de los fantasmas, con cuánto afán justiciero aboga por la primacía de lo real! Sólo lo real ha de existir, es decir, lo real, lo que existe por sí mismo, lo que tiene su presencia entera sin que el hombre vaya en su ayuda. Ni por un momento se apiada Platón de los «fantasmas» que precisan del hombre para perdurar. Ni por un momento se apiada del hombre que necesita que perduren sus fantasmas. Con qué fría inexorabilidad establece su muerte sin dejarse ganar por la persuasión, por la sospecha de que los fantasmas estén adheridos a las entrañas del hombre, de que, si bien son «fantasmas» confrontados con la invulnerable realidad de lo que es, son algo entrañable, inmediato y sumido en el corazón del hombre. De que estos fantasmas son la realidad para el amor que los buscara. Dice así Anacreonte.

«...Pintor hábil, pintor famoso, rey de este arte que florece en Rodas, pinta según voy a trazarte la imagen de mi amante ausente. Representa su blanda y negra cabellera, y si es posible hasta que exhale sus perfumes, representa sus cabellos lucientes como la púrpura cayendo de su frente de marfil a lo largo de sus mejillas sonrosadas. No separes demasiado sus cejas, mas guárdate de confundirlas; imita la negra curva de sus pestañas tal como ella las tiene, elevadas y tímidas». No te separes, en suma, hacedor de fantasmas, de los más nimios y por ello preciosos detalles, de este fantasma tan real para mi corazón, para mis ojos: este fantasma, estas apariencias, más reales que ninguna otra cosa en el mundo.

¿Cómo convencer al amante de la irrealidad del fantasma de la belleza amada? De su muerte no es preciso convencerle, pues que ya la llora; pero que algo muera, no quiere decir que sea, por ello, irreal.

Porque el nudo está en la muerte. El filósofo desdeña las apariencias porque sabe que son perecederas. El poeta también lo sabe, y por eso se aferra a ellas. Por eso las llora antes de que pasen, las llora mientras las tiene, porque las está sintiendo irse en la misma posesión. Los cabellos negros de la amada blanquean mientras son acariciados y los ojos van velando imperceptiblemente su brillo. Y son por eso más amados, más irrenunciables.

De esta melancolía funeraria de las hermosas apariencias, el filósofo se salva por el camino de la razón. La razón es realmente la esperanza. Pero a costa de cuánta renuncia. Mas el poeta no renuncia. Nadie le convencerá de que renuncie. Nadie le consolará de ver irse el día que pasa, ni le persuadirá para que acepte la conversión en ceniza de los ojos amados, la desaparición en la neblina del tiempo del fantasma querido. Nadie, ni nada.

Y este no conformarse ante la desaparición inexorable de la belleza trae para la vida una fatal consecuencia: la destrucción, la amenaza perpetua de todo orden que se establezca. Destrucción del orden, porque es destrucción de la unidad.

Las palabras platónicas son bien terminantes. Existe una contradicción en el hombre entre lo que en su alma sigue a la razón y a la ley, y lo que es pasión. Y lo más irrenunciable para la poesía es el dolor y el sentimiento. Por eso la poesía mantiene la memoria de nuestras desgracias. Y todavía más, nos hace simpatizar con aquello que nos hemos prohibido, con todo lo que hemos arrojado de nuestra alma, con las pasiones de cuya tiranía nos había liberado la razón. En el protagonista de la tragedia contemplamos a las pasiones en su libre curso, en su frenesí. Y gozamos secretamente ante el espectáculo en otro de lo que nos hemos prohibido a nosotros mismos. Esto es incoherente y peligroso, pues lleva el riesgo de olvidar lo que hemos convenido con nosotros mismos bajo el imperio de la razón, y seguir, en cambio, el ejemplo del protagonista de la tragedia en la hora en que el dolor llame a nuestra puerta.

Amenaza para el gobierno de nuestra vida individual y para el de la ciudad ideal que se quiere establecer: «Y en el momento en que recibáis en ella a las musas voluptuosas, sean épicas, sean líricas, el placer y el dolor reinarán en vuestro estado en vez de la ley y de la razón»[1]. La condenación es taxativa, no admite escapatoria. Porque la poesía va contra la justicia; es el agente de la destrucción.

No es de extrañar. Llegado el momento de establecer la sociedad perfecta, Platón había de formular con toda rigidez lo que ya estaba implícito en la filosofía griega. Y añade que no es de ahora, sino que viene de muy antiguo la enemistad de la poesía con la filosofía y enumera algunos de los insultos y burlas lanzados descaradamente por la poesía a los filósofos. Pero no dice que estos poetas se dejaron llevar extremadamente, es decir, poéticamente, por algo que quizá ellos percibieron antes que los mismos filósofos: la condenación de la poesía que la filosofía comportaba en sus ideas fundamentales: ser, verdad, razón. La poesía quedaba al margen de todo eso y, si todo eso triunfaba, traería consigo el menosprecio forzado de la poesía.

El poeta no podía ver con buenos ojos el descubrimiento del ser, porque el poeta sabe que hay descubrimientos que arrastran, que existen cosas a las que no queda más remedio que ser leal hasta la muerte, una vez que las hemos descubierto. Y así, el ser trae consigo la forzosidad de una decisión en la propia vida. Reconocida la primacía del ser y afirmado que

1. *República* L. X, 607 a.

el ser es unidad, ya no le quedaba al hombre sino desprenderse violentamente —violentando y violentándose— de todo lo que no es ella. El hombre tiene que empeñarse en una decisión que le haga acercarse a ese ser, que le haga realizarlo. Porque no ha existido jamás una mera contemplación; cuanto más pura la contemplación, más ejecutiva, más decisiva. Se contempla para ser y no por otra cosa, por empapada de amor que la contemplación esté. Mas esto, que la contemplación esté empapada de amor, pertenece a la poesía.

Y así sucedió. No aguardó mucho el filósofo para establecer el ascetismo que no es sino la fidelidad, la lealtad, a la unidad del ser. El poeta lo presintió siempre, y por eso jamás quiso reconocer este ser, ni su unidad. Y no solamente por la renuncia y el menosprecio que llevaba consigo de las apariencias, de las idolatradas apariencias, sino más todavía por la decisión humana que habría de seguirle inmediatamente. El poeta jamás ha querido tomar una decisión y cuando lo ha hecho ha sido para dejar de ser poeta[2]. Este momento de la decisión, central en la ética, ahuyenta a la poesía. El poeta es, sí, inmoral. Justo es que vague por los arrabales de la ciudad de la razón, del ser y de la decisión. Mas porque el poeta no puede vivir bajo la cúpula de la justicia, no hemos de creer que no tenga su justificación, porque de ser así no sería un hombre. Tiene su justificación, porque tiene su fidelidad.

2. Tal vez sea éste el caso de Rimbaud. Su existencia errante y atormentada, su espléndida y lúcida producción atestigua el [««al»», en edición de 1971] poeta ejemplar, ««puro»». Un buen día, como es sabido, huyó de sus amigos y destruyó su poesía, destruyó al poeta que había en él. Y fue un hombre de acción, embriagado con la acción, como antes lo estuviera [««estuviese»», en edición de 1971] con la palabra.

Por fidelidad a lo que ya tiene el poeta desde el comienzo, no puede lanzarse hacia el invisible ser. Lo que él tiene no ha precisado salir a buscarlo, no se ha fatigado en su cacería, sino que se sintió cargado de algo que le angustia y le colma, al par. Posesión infinitamente azarante, como si excediera de las fuerzas humanas. Su vivir no comienza por una búsqueda, sino por una embriagadora posesión. El poeta tiene todo lo que no ha buscado y, más que poseer, en verdad se siente poseído.

Por eso el poeta no parece un hombre, o si él es un hombre, entonces es el filósofo el que parece inhumano. El filósofo define la vida humana por su manquedad, por su insuficiencia, y de ella parte para encontrar, para encontrar por sí mismo, el camino que le lleve a completarse. La Filosofía es incompatible con el hecho de recibir nada por donación, por gracia. Es el hombre el que, saliendo de su extrañeza admirativa, de la angustia o del naufragio, encuentra por sí el ser y su ser. En suma, se salva a sí mismo con su decisión.

Y el poeta es fiel a lo que ya tiene. No se encuentra en déficit como el filósofo, sino en exceso, cargado, con una carga, es cierto, que no comprende. Por eso la tiene que expresar, por eso tiene que hablar «sin saber lo que dice», como le reprochan. Y su gloria está en no saberlo, porque, con ello, se revela que es muy superior a un entendimiento humano la palabra que de su boca sale; con ello nos muestra que es más que humano lo que en su cuerpo habita.

De allí que hable de divinidades misteriosas, de musas que lo poseen, de fuerzas que habitan en su interior como en cercado propio. Mientras el filósofo trata de ser sí mismo, el poeta, agobiado por la gracia, no sabe qué hacer. Se siente morada, nido, de algo que le posee y arrastra. Y una vez consumada esta entrega de sí, el poeta ya no puede querer otra cosa. No podría querer más que ser un hombre. Y quizá siente de ello alguna vez la nostalgia; quizá querría descansar. Pero prosigue, como la cigarra, su canto interminable.

Todo lo más, nostalgia; el poeta no se afana [por] ser hombre. No trata de saber qué sería él con independencia de aquella fuerza que habla con su voz. Y si acaso esta fuerza le abandona, no se siente más que vacío. Vacío como un cuarto deshabitado. El tiempo, entonces, se le convierte en algo así como un guante sin mano. El tiempo vacío, pura espera de que vuelva el milagro, de que vuelva el delirio. Y, de querer algo, no quiere ya sino aquello mismo que anuló su querer, aquello que le venció tan completamente. Porque la gloria del poeta es sentirse vencido. Anacreonte también nos lo dice:

«Se cuenta que Atis , ese joven afeminado, en su locura amorosa llamaba a grandes gritos en las montañas a la encantadora Cibeles. Los que en Claros beben de la onda profética, en las riberas donde reina Phebus con la frente ceñida de laurel, poseídos del delirio, lanzan sus clamores. Yo también inundado de perfumes, ebrio del licor de Lyaeus, y de los besos de mi amante, quiero, quiero delirar».

Quiere delirar, porque en el delirio alcanza vida y lucidez. En el delirio nada suyo tiene, ningún secreto; nada opaco, en su ser. Se consume ardiendo como la llama, y canta y dice. Porque el poeta vive prendido a la palabra, es su esclavo.

El filósofo quiere poseer la palabra, convertirse en su dueño. El poeta es su esclavo; se consagra y se consume en ella.

Se consume por entero; fuera de la palabra él no existe, ni quiere existir. Quiere, quiere delirar, porque en el delirio la palabra brota en toda su pureza originaria. Hay que pensar que el primer lenguaje tuvo que ser delirio. Milagro verificado en el hombre, anunciación, en el hombre, de la palabra. Verificación ante la cual el hombre, ya poeta, no pudo sino decir: «Hágase en mí». Hágase en mí la palabra y sea yo no más que su sede, su vehículo. El poeta está consagrado a la palabra, su único hacer es este hacerse en él. Por eso el poeta no toma ninguna decisión, por eso también es irresponsable.

Es la acusación de tantos siglos contra el poeta, aun más allá de la poesía. Más coherente consigo mismo Platón, más leal hasta las últimas consecuencias, más extremista, como todo creyente, decretó la condenación de la poesía también. Después nadie se ha atrevido a tanto, sino que han aceptado a la poesía, vencidos por su encanto, y han confinado al poeta, porque el poeta, en verdad, no es responsable. No sabe lo que dice. Platón se encara nada menos que con Homero, el venerable, y le pide cuentas. Posee, dice, todos los saberes sin poseer en realidad ninguno.

Y cuesta trabajo decir que Platón no supo hacer justicia al poeta. El poeta no sabe lo que dice y, sin embargo, tiene una conciencia, un género de conciencia. Una especial lucidez privativa del poeta y sin la cual, cuántas páginas Platón no hubiera dejado de escribir. Y si algo ha ganado el poeta a través de los siglos es esta lucidez, esta conciencia despierta, cada vez más despierta y lúcida como lo atestiguan los poetas modernos, como lo verifica el padre de todos ellos, Baudelaire. Lucidez que hace más valiosa, más dolorosa, la fidelidad a las fuerzas divinas —divinas o demoníacas— ex-

trahumanas que le poseen; que hace más heroico su vivir errabundo y desgarrado. Y así, este género de conciencia propio del poeta, también ha engendrado una ética del poeta,
una ética que ya no es la ética hasta cierto punto sosegada,
segura, del filósofo. Pues, al fin, el filósofo persigue la seguridad. Esta ética poética no es otra que la del martirio. Todo
poeta es mártir de la poesía; le entrega su vida, toda su vida,
sin reservarse ningún ser para sí, y asiste cada vez con mayor
lucidez a esta entrega. Y tan íntima es su convivencia con las
fuerzas divinas que engendran el delirio, que ha llegado con
Baudelaire a convertir la «inspiración» en trabajo. Lo cual
no es, en modo alguno, negar la inspiración, sino entregarse
a ella enteramente, entregarse a ella heroicamente con todas
las facultades despiertas. Es emplear en su servicio lo que se
había de emplear en la evasión, en la huida de ella. En Baudelaire el proceso del poeta parece haberse consumado. Es
el padre, al par que redentor, de la poesía. Y la ha redimido
por aquello que parecía faltarle: la conciencia.

Esta conciencia que en Baudelaire alcanza la plenitud de
su luminosidad, y por ello de su martirio, no fue menos he-
roica desde su comienzo. Y así, los reproches de Platón a
Homero se tornan en otras tantas alabanzas, en otras tantas
otras pruebas de su fidelidad, de su martirio. Acusa Platón
al divino cantor de andar errante por los caminos, de pueblo en pueblo, cantando. [Le] acusa, de que no dejara ningún modelo de vida, como hiciera Pitágoras, para guía y
ejemplo de los demás hombres. Da por sentado que el único quehacer importante del hombre sea el de descubrir el
medio de gobernar sus días y poderlo transmitir a los demás
para ayudarles en idéntica tarea. Y Homero, con atreverse a
hablar de todas las cosas divinas y humanas, no hizo nada

de eso. Y todavía más, denuncia que si la compañía del cantor hubiera sido dulce y provechosa, amigos y discípulos le hubieran rodeado sin dejarle partir, le hubiesen retenido junto a sí, o arrastrados por el amor al maestro, hubiesen partido con él en sus caminatas. Insiste, insiste Platón, con la terquedad del que quiere dejar bien amartillado un razonamiento: si Homero hubiese realmente sabido alguna ciencia o hubiese sido capaz de realizar hermosas hazañas, no se hubiera dedicado a cantar las de los demás pues es superior el hacerlas a cantarlas.

Y con todos estos reproches y acusaciones —tan certeras— de Platón, lo que hace es ponernos en evidencia la manera de vivir del poeta, su generosidad, su fidelidad a aquello que recibió sin buscarlo, que le lleva a donárselo a los demás, sin que lo busquen, caritativamente. Bella imagen venerable del poeta ésta que en Homero se dibuja. Sin aguardar a ser buscado, va como la poesía misma al encuentro de todos, de los que creen necesitarla y de los que no, a verter el encanto de su música sobre las pesadumbres diarias de los hombres, a rasgar con la luz de la palabra las nieblas del tedio, a volver ligera la pesadez de las horas. Va también a consolar a los hombres con la rememoración de su origen. Pues la poesía también tiene su reminiscencia. Va a llevarles la memoria y el olvido.

El poeta no toma jamás una decisión, es cierto. El poeta soporta únicamente este vivir errabundo y como sin asidero. Soporta el vivir instante a instante, pendiente de otro a quien ni siquiera conoce. Entrevé algo en la niebla; y a esto que entrevé es fiel hasta la muerte[3], fiel de por vida. Y no le exige, como el

3. «...y caminante en sueños / que va buscando a Dios entre la niebla». Antonio Machado.

70

filósofo, ver su cara para entregarse a él. No lucha, al modo de Jacob, con el ángel. Acepta y aun anhela ser vencido.

Tiene razón Platón, pues poeta y poesía son inmorales, están fuera de la justicia. Frente —y estos «frente» los ve el filósofo, no el poeta— a la unidad descubierta por el pensamiento, la poesía se aferra a la dispersión. Frente al ser, trata de fijar únicamente las apariencias. Y frente a la razón y a la ley, la fuerza irresistible de las pasiones, el frenesí. Frente al logos, el hablar delirante. Frente a la vigilancia de la razón, al cuidado del filósofo, la embriaguez perenne. Y frente a lo atemporal, lo que se realiza y desrealiza en el tiempo. Olvida lo que el filósofo recuerda, y es la memoria misma de lo que el filósofo olvida. Vagabundo, errante, no se decide nunca, por lealtad a oscuras divinidades, con las que ni siquiera lucha por descubrir la cara. Y la poesía no se entrega como premio a los que metódicamente la buscan, sino que acude a entregarse aun a los que jamás la desearon; se da a todos y es diferente para cada uno. Ciertamente es inmoral. Es inmoral como la carne misma.

Pero, ¿no tendrán —poesía y poeta— su justificación, su propio reino? ¿No habrá en todo el universo, en ese universo que el poeta ama tanto y con tanto fuego, ningún sitio para él? ¿Más allá de la justicia, no habrá nada para el poeta? El poeta no pide, sino que entrega; el poeta es todo concesión. ¿No le será concedido nada? Se puede pedir en nombre de la justicia. Pero quien de verdad da algo no lo hace en nombre de ella. Quien da y quien da más de lo que se le pide, y casi tanto como se espera, lo hace porque le viene su don de más allá de la justicia; de más allá de lo que remunera a cada uno con lo que le pertenece. Porque este don de la poesía no es de nadie, y es de todos. Nadie lo ha merecido y todos, alguna vez, lo encuentran.

Mística y poesía

Y es que la poesía ha sido, en todo tiempo, vivir según la carne. Ha sido el pecado de la carne hecho palabra, eternizado en la expresión, objetivado. El filósofo a la altura en que Platón había llegado, tenía que mirarla con horror, porque era la contradicción del logos en sí mismo al verterse sobre lo irracional. La irracionalidad de la poesía se concretaba así en forma más grave: la rebeldía de la palabra, la perversión del logos funcionando para descubrir lo que debe ser callado, porque no es. En suma, una falsa verdad. Verdad, porque se muestra como la verdad en la palabra, por el camino de su aparición. Y falsa, porque descubre lo que, por no alcanzar el supremo rango del ser, no tiene por qué manifestarse.

La poesía era una herejía ante la idea de verdad de los griegos. Y también lo era ante su exigencia de unidad, porque traía la dispersión del modo más peligroso: fijándola. Herejía también ante la moral y ante algo más grave que la moral misma y anterior a ella, ante la religión del alma (orfismos, cultos dionisíacos), porque era la carne expresada, hecha ente por la palabra.

El griego, en realidad, no se atrevía a rechazar la carne como siglos después lo hiciera el cristiano, primeramente por boca de San Pablo. Nunca lo hizo, pero se diría que estaba deseando que alguien encontrara razón para hacerlo. Este alguien, antes que San Pablo, fue Platón. Y en verdad que la incomprensión que «el Apóstol de las gentes» encontrara en Atenas para su predicación, fue por un motivo contrario al del desprecio de la carne. Fue porque venía, precisamente, a anunciar su resurrección. Porque vino a mostrar la mística cristiana en el aspecto más extraño para el ascetismo intelectual de que los filósofos dejaran penetrada la mente griega, y a contradecir igualmente la aspiración religiosa que de los mejores círculos emanara: el horror a la carne y a las pasiones; la soñada liberación del alma de su tumba corporal.

El cuerpo como tumba era una imagen órfica que el mismo Platón[1] llegó a usar con toda energía. La consideración de las pasiones como adversas a la imagen pura del alma aparece continuamente y con toda claridad, claridad poética, justo es confesarlo. Así, hablando del alma dice en *La República*: «Mas para conocer bien su naturaleza, no se la debe considerar como nosotros lo hacemos, en el estado de degradación en que la han puesto su unión con el cuerpo y otras miserias, sino que es preciso contemplarla con los ojos

---

1. «Porque éramos puros y no sufríamos la huella de este sepulcro que llamamos cuerpo y que llevamos actualmente con nosotros, atados [«ligados» en la edición de 1971] a él de la misma manera que lo está la ostra a su concha». *Fedro*, 250 b.

del espíritu tal cual es en sí misma y desasida de todo lo que le es extraño. Entonces se verá que es infinitamente más hermosa y que nosotros la hemos visto en un estado que se asemeja al de Glaucos el marino. Viéndole se estaría bien dificultado de reconocer su primitiva naturaleza, porque de las antiguas partes de su cuerpo, las unas se han destruido, las otras se han gastado y desfigurado por las ondas, mientras que otras nuevas se le han añadido, formadas por conchas, algas y ovas, de manera que se parece más a no importa qué bestia que a lo que él era naturalmente. Así el alma se muestra a nosotros desfigurada por mil males».

Por esta imagen poética, Platón nos muestra el tristísimo estado del alma al caer en el cuerpo; su tumba, su cárcel. Mas cárcel activa en su pasividad, como el mar. El cuerpo de Glaucos, el tritón sumergido en un medio extraño, como el mar, para su primaria naturaleza. Y el mar, en su aparente neutralidad pasiva, desgasta, altera, cambia. Nada más desconcertantemente melancólico que ciertas playas a la hora de la baja mar; criaturas extrañísimas han quedado abandonadas sobre la arena húmeda y un aire de destrucción parece flotar sobre todo. El mar parece ser el agente cósmico de la destrucción, de la aniquilación lenta, cautelosa e inexorable de ese algo macizo, óseo, que parece constituir la naturaleza humana. Un tritón, un viejo buque encallado, desfigurado por las algas y todos los extraños seres que el mar arroja de su seno; seres extraños y seductores a la vez. El mar destruye por la seducción, con la violencia sinuosa del encanto. Y la fuerza de la carne sobre el alma no la ha concebido Platón a la manera del muro frente a su prisionero, sino al modo de la lenta e irresistible fuerza desfiguradora de las ondas marinas. El alma se sumerge en ella, se disuelve y se destruye, tomando en cambio agregados de cosas que se adhieren a ella, pero que no son suyas, que la transforman dándola la apariencia de un monstruo. El alma se disuelve y se altera al contacto con la carne. Y tiene este contacto con la carne lo que tiene el sumergirse dentro del medio marino: el encontrarse en algo insondable. Los muros de la cárcel aprisionan, pero son algo perfectamente limitado; su acción es meramente aisladora. Mas quien se sumerge en el mar cae dentro de un medio corrosivo, de actividad destructora y sin límites: insondable. Cae en algo donde ya no sabrá donde está, donde su situación no podrá ser establecida claramente. Si logra mantenerse a flote le sucederá lo que al tritón, lo que al buque encallado: será desfigurado y destruido.

Por eso es menester que el alma que así ha naufragado combata incesantemente contra esta fuerza terrible y seductora. Es menester que por una acción continuada se salve del naufragio, poniéndose a flote primero, y en seguida aislándose en lo posible del medio destructor; manteniéndose fiel a lo que es su naturaleza, defendiendo las partes originales de la alteración y rechazando violentamente a las criaturas extrañas que intentan adherírsele. El combate es todavía más difícil que el del prisionero que, privado de la luz, está en posesión de sí mismo, a solas con su naturaleza; en libertad, en suma, dentro de su confinamiento. La cárcel es la separación y la soledad. Mas en la soledad y en la separación, el alma se conserva fiel a sí misma, y es libre de recordar su alto origen, de sentir nostalgia de sus compañeros y de su remota patria. Es más difícil aún el combate que en la caverna del mito, donde el prisionero no tiene ante sí más que sombras, apariencias, y las cadenas sujetan sus miembros para que no pueda mirar hacia el lugar de donde llega la luz. En esta pintura que Platón nos ofrece, ya al final de *La República*, el alma aparece encadenada por algo que no se limita a sujetarla. Encadenada por unas cadenas activas a un mundo, en fin, poblado de criaturas extrañas y, aunque Platón no lo diga en este pasaje, poblado también de seducción. Hay algo en el alma que simpatiza con este medio que le es extraño.

Será menester que realice un supremo esfuerzo que la reintegre a su naturaleza. Y así, prosigue Platón su imagen poética: «Pero he aquí lo que hace falta mirar en ella. —¿Qué?, preguntó—. Su amor a la verdad: es preciso considerar a qué cosas se dirige, qué tratos apetece en virtud de su parentesco con lo que es divino, inmortal y eterno y lo que ella llegará a ser si se entrega por completo a la persecución de las cosas de esta naturaleza, y si llevada por su ímpetu sale de la mar donde está en el presente y se sacude las arenas, las conchas y... Entonces se verá su verdadera naturaleza, si es simple o compuesta, en qué consiste y cómo es. Por lo que hace a su situación presente, hemos explicado bastante bien las pasiones a que está sujeta en la vida actual»[2].

«Su amor a la verdad... qué tratos apetece en virtud de su parentesco con lo que es divino, inmortal y eterno». La naturaleza del alma humana, pues, está precisamente en su parentesco con lo que es divino, inmortal y eterno. Esta idea la repite Platón a lo largo de sus discursos como algo obvio y decisivo, como la verdad en que va a fundarse su íntimo y profundo anhelo. Anhelo, no es difícil decirlo, anhelo y es-

2. *República*, L. X, 611 d- 612 a.

peranza de salvar el alma. La imagen presente le parece tan sólo imagen de la decadencia, de la degradación. Por eso tenía que rechazar a la poesía que pretendía perpetuarla. A la poesía, copia de la degradación, decadencia de la decadencia. «El alma es semejante a lo divino». «El alma es casi divina», reitera en el *Fedón*.

Y la verdad es que esta imagen de la vida como naufragio, como caída, no era original de la filosofía platónica, ni de ninguna filosofía. Era la idea que en la metempsicosis aparecía de antiguo y que a Platón le llegara de los Misterios y del orfismo. Platón no hace nada más —¡nada más!— que fundamentarla, que encontrarle un fundamento racional. No hace sino racionalizar la esperanza asegurándola, tornándola en certidumbre; y todavía en algo más: en una certidumbre que puedo forzar. La esperanza en la cual nos mantenemos quietos y pasivos, se torna en certidumbre por efecto de la violencia filosófica; en certidumbre activa, pues que depende de un esfuerzo humano el que se cumpla.

Y este esfuerzo se realiza por el camino de la filosofía. La filosofía nace, en verdad, de una paradoja de la naturaleza humana. La naturaleza del hombre es la razón. Esta identificación de naturaleza humana y razón, es una de las batallas decisivas que Platón gana y gana para tantos siglos como de él nos separan[3]. Por naturaleza entendemos la manera de ser de una cosa que lo es por sí misma, es decir, que su ser no está recibido, hecho por las manos del hombre. Y la natura-

---

3. Tal vez toda la crisis actual por la que pasa la cultura occidental no sea en esencia sino la crisis de esta idea platónica hecha creencia en la conciencia europea en los momentos más felices de la vida de Europa. La naturaleza humana es la razón. Es lo que hoy muchos hombres se [resisten] («rebelan» en otras ediciones) a aceptar.

leza del hombre —la razón— es algo que el hombre no acaba de tener, sino que tiene que recobrar, que reconquistar.

Esta reconquista comienza con la separación del medio extraño en que ha caído, comienza con la *catharsis* de las pasiones, producto de su ligazón con el cuerpo-tumba. Después vendrá el camino de la dialéctica que la razón, ya sola y recogida en sí misma, recorre hasta la idea del bien, que es lo divino, de lo cual el alma es, *syngenes*, pariente. La filosofía, pues, realiza, nada menos, que el encuentro del alma consigo misma, el redescubrimiento de su propia naturaleza. Innumerablemente repite Platón la misma idea a lo largo de varios Diálogos, pero muy especialmente en el *Fedón*, que es donde esta esperanza racionalizada por la filosofía se revela: «Mas una purificación ¿no es justamente lo que dice la antigua tradición? Poner en lo posible el alma aparte del cuerpo y acostumbrarla a encerrarse y recogerse sobre ella misma, a vivir, tanto como sea posible, en las circunstancias actuales y en las que seguirán, aislada en sí misma y desprendida del cuerpo como de una cadena?»[4] El conocimiento es pues, purificación, separación del alma de sus cadenas para reintegrarse a su verdadera naturaleza. El «saber desinteresado» viene a resultar el más profundamente interesado de todos, pues que, en realidad, no es un añadir nada, sino simplemente un convertir el alma, un hacerla ser, ya que «el que contempla se hace semejante al objeto de su contemplación»[5].

El camino de tal contemplación es el de la dialéctica, el movimiento de la razón por sí misma desprendida ya de

4. Fedón, 67 c-d.
5. *Timeo*, 90 d

todo: «Asimismo cuando un hombre ensaya por la dialéctica y sin recurrir a ninguno de los sentidos, mas usando la razón, dirigirse a la esencia de cada cosa sin detenerse antes de haber sabido por la sola inteligencia, la esencia del bien, llega al término de lo inteligible, como el otro llegaba al término de lo visible. —Es muy justo—. Y bien ¿es eso lo que tú llamas la marcha dialéctica? —Sin duda—»[6].

El arranque de esta dialéctica está en la violencia con que uno de los prisioneros de la caverna se ve forzado a separarse de las cadenas que le retienen frente a las sombras, y su término está en la contemplación de la idea del bien. El prisionero, arrastrado primeramente sube penosamente el camino que conduce hacia la luz. La descripción de este prisionero en su ascensión hacia la verdad es algo que no ha podido perder su fuerza después de tantos siglos de tópicos platónicos, fuerza impresionante por su realidad. Esta subida es la del que se ve forzado a ser filósofo: «Y si alguien le sacase de allí por la violencia haciéndole subir por una áspera y penosa cuesta sin dejarle hasta llevarle frente a la luz del sol, ¿no crees que sufriría y se revolvería al ser arrastrado así? ¿Y cuando llegase a la luz tendría los ojos deslumbrados por su resplandor, y no podría ver ninguno de los objetos que llamamos ahora verdaderos? —No podría, al menos de momento—. Debería, en efecto, habituarse si quería ver al mundo superior. Lo que vería en seguida con más facilidad serían las sombras, después las imágenes de los hombres y de otras cosas reflejadas en las aguas, después las cosas mismas. Y después, levantando la vista hacia la luz de los astros y de la luna, contemplaría, durante la noche, las constelacio-

6. *República*, 532 b

nes y el firmamento mismo, más fácilmente que, durante el día, el sol y su resplandor. —Sin duda—. Y, al fin, creo que sería el sol, no ya en las aguas, ni en sus imágenes reflejadas en algún otro lugar, sino el mismo sol en su lugar lo que él podría mirar y contemplar, tal y como es».

La purificación ha llegado a su término, y el que ha llegado a contemplar el bien cara a cara y a saber que él es la causa de todo lo que en alguna manera es, ya no tiene de propiamente humano, es decir, de común con los que todavía siguen encadenados en la caverna, más que la piedad hacia su miserable condición. Y el regreso a la oscura cueva le coloca en una situación extrañísima frente a los hombres: éstos, por venir él de la luz, por traerla, no lo conocerán. Y su extrañeza es tal que los irrita, hasta el punto de que pueden llegar a darle muerte. No es muy aventurado el pensar que la muerte de Sócrates, su maestro, estaba presente en estas líneas. ¿Es, entonces, de extrañar que quien tan tremenda batalla estaba librando para afirmar el camino de la filosofía fuera todo hostilidad para justificar cualquier otro camino? Era la filosofía, era la vida del filósofo lo que había que justificar y aclarar contra la ciega multitud humana. Era la esperanza puesta por la filosofía al alcance de todo hombre. Porque la esperanza ya no dependía de los dioses ni del destino; la elección para la vida bienaventurada se hacía por uno mismo. Cualquier hombre podía elegirse a condición de que se eligiera de verdad; es decir, de que se resolviese a ejercer sobre su actual condición la violencia y, arrastrado por ella, subir el camino, áspero al principio, luminoso y sin límites al final. Era la salvación por la filosofía, por el humano esfuerzo. «...toda alma tiene en sí la facultad de saber y un órgano destinado a este fin y que, como un ojo que no se pudiese volver de la oscuridad hacia la luz sino volviendo tras de sí todo el cuerpo, así este órgano debe separarse, con toda el alma, de las cosas perecederas, hasta que llegue a ser capaz de soportar la vista del ser y de la parte más brillante del ser, la que llamamos bien. ¿No es cierto? —Sí—. La educación es el arte de volver este órgano y de encontrar para ello el método más fácil y eficaz; no consiste en crear la vista en el órgano porque ya la posee, mas como está mal orientado y mira lo que no debe, ella debe procurar la conversión»[7].

El prisionero desligado, libre de la opresión de las cadenas y del engaño de las sombras, se apiada de sus antiguos compañeros y los educa, los convierte. Conversión por la filosofía, por la dialéctica, que va más allá de ella, pues que esta áspera subida, hasta llegar a la luz misma, esta conversión que cada cual puede realizar en su alma, y que el filósofo cuida piadosamente, aparece fundada en algo, ya que no es de este mundo. Porque esa luz del bien no se contempla íntegramente sino tras la muerte.

Y por ello, si en *La República* establece Platón la justicia de este mundo, y nos da las razones para vivir bien, en el *Fedón*, la misma dialéctica tiene ya el sentido de una enseñanza para la muerte. La filosofía es una preparación para la muerte y el filósofo es el hombre que está maduro para ella. Y esta conversión no se verifica sino cuando «nos hemos separado de la locura del cuerpo»[8], frase que creeríamos de San Pablo, si la viésemos separada del texto platónico.

Separado de la locura de la carne, del engaño de las sombras, el filósofo recobra su naturaleza, la verdadera naturale-

7. *República*, L. VII, 518 c-d
8. *Fedón*, 67 [se encuentra en 67, a].

za humana. Naturaleza que no se posee, según hemos visto, sin esfuerzo ni violencia. Aquello de lo que el alma es pariente está en la otra orilla del río de la vida. La filosofía es un ejercitarse en morir y la estancia del filósofo entre los hombres es muy semejante a la de alguien que ha muerto y que por privilegio especial ha obtenido la gracia de volver junto a los hombres como mensajero de la violencia que hace falta para que se realice la conversión, como una llamada de lo que del otro lado es pariente de la alterada naturaleza humana. Clara y taxativamente queda establecida en el *Fedón* la Filosofía como la sabiduría de la muerte: «¿No es verdad que el sentido preciso de la palabra muerte es que un alma se separa y se va aparte de un cuerpo? —Ciertamente—. Y que esta liberación, como decimos, los únicos que la procuran son aquellos que en el sentido recto del término se ocupan en filosofar. El objeto propio del ejercicio de los filósofos ¿no es este mismo de liberar el alma y separarla del cuerpo?»[9].

La situación se ha ido agravando cada vez más: ya el filósofo no puede contentarse con la separación de las cosas tal y como se dan a la mirada primera que vertemos sobre el mundo. Ya no sólo ha de renunciar a las apariencias sensibles, sino que un verdadero ascetismo se le impone. El conocimiento no es una ocupación de la mente, sino un ejercicio que transforma el alma entera, que afecta a la vida en su totalidad. El amor al saber determina una manera de vivir. Porque es, ante todo, una manera de morir, de ir hacia la muerte. Estar maduro para la muerte es el estado propio del filósofo.

9. *Fedón*, 67 d.

Las consecuencias habían de ser incontables, no solamente para la poesía, sino para la vida entera. La poesía no era ya cuestión, sino en cuanto ella sigue siendo el vivir según la carne de la manera más peligrosa para el ascetismo filosófico: vivir según la carne, no por virtud de ese movimiento espontáneo de todo ser viviente al apegarse a su propia carne. No; poesía es vivir en la carne, adentrándose en ella, sabiendo de su angustia y de su muerte.

Las consecuencias habían de ser ilimitadas, no ya para la poesía, sino para todas las cuestiones fundamentales de la vida; la suerte del no nacido cristianismo se decidió allí, al quedar fundado filosóficamente el ascetismo.

Y este ascetismo había de ser el lazo más fuerte y profundo que se tendiera entre religión cristiana y pensamiento griego. Y si en alguna parte el ascetismo se dibujaba con mayor firmeza y claridad, no cabe duda de que era en el pensamiento platónico tan vivo y creciente en el momento en que el cristianismo aparecía.

Mas este ascetismo y el mismo camino que recorre la dialéctica, en Platón, ¿qué significa? Ya lo hemos visto: no es conocer lo que interesa, no es el ser de las cosas, ni las leyes del mundo lo que el entendimiento persigue. Lo que se persigue es recobrar la humana naturaleza, rescatar el alma. Lo que Platón hace, en realidad, es teología y mística; teología en cuanto que piensa o intenta pensar, con la razón, lo divino. Mística, en cuanto que nos ofrece el camino para convertirnos a ello. *Catharsis* y dialéctica no son sino medios para llegar a ser. Y esto solamente explicaría la violencia que engendra la filosofía, la fuerza que lleva a desprendernos de lo que nos rodea, de nuestra propia envoltura, de nuestras pasiones. Si Platón condena las pasiones es, sencillamente, porque quiere salvar la sede donde las pasiones se asientan, porque quiere salvar el alma. Ya de antiguo parece que germinaba este anhelo: salvar el alma. Y no ciertamente en los poetas, sino entre ciertos círculos religiosos que ya hemos mentado. Platón parece ser su instrumento, quien racionalizó y, por tanto, dio seguridad a estos anhelos un tanto delirantes. Llevó la seguridad del pensamiento —ser, unidad, idea— a lo que latía como gemido, como ansia irrenunciable en los cultos órficos y dionisíacos. Por primera vez se pensó claramente sobre lo que tan oscuramente se sentía. Los símbolos se tornaron en pensamientos claros y a los misterios sucedieron las ideas. Matemática y anhelo irracional se unieron por primera vez. Platón hizo teología[10].

Ahora se comprende por qué renunció a la poesía, por qué se declaró su enemigo irreconciliable. No era en nombre del conocimiento, no era en nombre del ser, de la unidad, de la verdad de este mundo. Si Platón no hubiera ido cargado con un gigantesco designio religioso no habría condenado jamás a la poesía. Es más: no hubiese dejado nunca de ser poeta. (En verdad que nunca dejó de serlo, pues si él abandonó a la poesía, la poesía nunca le dejó a él, y esto mismo constituye la mayor justificación de Platón a este respecto).

La condenación platónica de la poesía se manifiesta en *La República* de forma un tanto desconcertante, [lo] que parece

---

10. «Nadie ha contribuido tanto de una manera más durable que el gran pensador y poeta que ha implantado en el corazón de la filosofía la idea teológica de la inmortalidad personal, y después de haberla hecho familiar a los filósofos la ha restituido a los teólogos más profundamente fundada», Ervin [Erwin] Rohde: *Psyché*, p. 480 de la traducción francesa, Paris, Payor [debe decir Payot], 1928.

encubrir lo que ahora vemos tan claramente. Y es que lo establecido en la Ciudad ideal era, en realidad, doble; había en ella dos estructuras: una la estructura, diríamos, puramente terrena, de una ciudad presidida por la justicia; y otra, lo que en el Libro VI se establece acerca de los filósofos y de la filosofía, que se alza, en verdad, por encima de la justicia misma. Es ya teología y mística. La mística de la razón. Parménides y las antiguas creencias se han dado la mano, se han justificado mutuamente. Puede parecer un poco audaz. Pero, en verdad, hay en el libro maravillosas partes que parecen interpoladas, que podrían quizá sustraerse dejando íntegras las otras partes, las que se refieren a la primera estructura, a la ciudad humana. Diríase que es una «revelación» añadida a lo que el hombre Platón pensó por sus propios pasos[11].

La condena de la poesía hecha en *La República* aparece en primer término y en toda su fuerza dentro de la primera estructura, dentro de la ciudad humana gobernada por la *dikaiosyne*, porque los poetas alteraban, con su elegíaco amor, con su pintura del frenesí de las pasiones, el orden impreso por la razón. Es una condenación moral y política la que se manifiesta.

---

11. Dice así E. Rodhe en la nota de la pág. 481 [esta precisión falta en la edición de 1971], de la obra ya citada: «Me parece que resulta muy claramente de un estudio atento y sin prejuicios de toda la obra y ha sido, creo, demostrado por Krohn y por Pfleiderer, que fases distintas del pensamiento platónico han encontrado lugar en *La República*, y no están ligadas más que exteriormente. Particularmente, lo que dice a partir de V, 471 c hasta el fin del libro VII... me parece ser algo extraño que no estaba previsto al principio, así [el adverbio «así» no figura en la edición de 1971] comprendido en el plan primitivo, y que vino a añadirse más tarde a la descripción».

Pero lo que es más que la justicia, la «revelación» del Mito de la Caverna y la definición de la filosofía como aprendizaje para la muerte, es lo que ha de rechazar la poesía de modo más inexorable, más irreconciliable. Ante la *dikaiosyne*, la poesía podía hacer su defensa de las apariencias, su apología de la belleza, podía mostrar su delirio del amor.

Mas en esta condena sin resquicio está como fondo el designio místico. La repulsa es mayor todavía, más profunda, más irreconciliable, como teólogo que quiere «salvar las apariencias», las realidades todas del mundo y de las pasiones humanas: la belleza que late en lo sensible, la belleza de que se enamora el poeta sin lograr eternizarla. Y el alma de la que el poeta solamente pinta la agitación personal.

Porque en esta repulsa envuelta en una acritud un tanto sospechosa, está el afán de salvar todo eso desdeñado, es decir: las apariencias, las pasiones, de un modo más verdadero, más profundo que el de la poesía. Le pareció, sin duda, vacuo pretender salvar las apariencias, captando su fantasma, fijando su sombra, creando otra apariencia de menor rango que el ser. Pues que al fin, por vivo que sea el retrato, siempre existe el abismo que va de lo vivo a lo pintado.

No es camino la imitación, porque por la imitación se multiplica la decadencia, se patentiza el no-ser, se precipita la muerte sin estar maduro para ella. No; hay que buscar otro camino mediante el cual las apariencias sean puestas a salvo de su destrucción. Hay que buscar la realidad perenne donde estas apariencias brillantes no perezcan.

Y tampoco es remedio el expresar las pasiones. El fijar las pasiones y su melancolía, su flujo inexorable, en la palabra. Porque esta palabra —sombra de sombra— de la poesía no puede darles eternidad, porque no ha extraído su unidad verdadera. Es una antinomia querer salvar las pasiones pues detrás de las pasiones está lo que más importa: nuestra alma que las sufre y las padece. Las pasiones son algo extraño dentro de nuestra alma, y por ellas nuestra alma no acaba de ser nuestra. Las pasiones se contradicen entre sí y una sola pasión ya se contradice consigo misma y con la propia alma donde habita. El alma agitada por la pasión, por una sola, se desgarra, se vuelve contra sí, carece de unidad; y es, en cada momento, «otra» en terrible monotonía. Es monótonamente contradictoria.

Salvar las apariencias y salvar el alma. No se podía llegar a más, aun a costa de la condenación de la poesía y del desprendimiento de la «locura del cuerpo». El logos no podía aún descender hasta la carne. Era necesario, irremisible, que en Platón la filosofía, que es teología y es mística, apareciera con irreconciliable enemistad para los poetas y su sueño. La razón decisiva era que se proponía salvar lo que la poesía solamente lamentaba; pretendía dar vida, no la vida pasajera sino otra vida más allá de la mordedura del tiempo, a este mundo adorado de la belleza del que la poesía únicamente supo llorar su destrucción, lamentar su continua muerte, su naufragio en los mares del tiempo. Porque la poesía, y sobre todo la poesía lírica, era en Grecia llanto, agonía del alma ante la realidad amada que se escapa. Llanto ante todo: ante el dolor, ante el placer, ante el amor, ante el amor más que nada. Porque en el amor está la cuestión verdadera.

En el amor está la cuestión verdadera. El amor es cosa de la carne; es ella la que desea y agoniza en el amor, la que por él quiere afirmarse ante la muerte. La carne, por sí misma, vive en la dispersión; mas por el amor se redime, pues busca la unidad. El amor es la unidad de la dispersión carnal, y la razón de la «locura del cuerpo».

Así lo da a entender Platón por dos caminos: el de la belleza y el de la creación. El primero en el *Fedro*, el segundo en *El Banquete*. Belleza y creación son la redención de la carne mediante el amor.

Nuevamente la filosofía es la voz del optimismo, la salida de la fatalidad. A la carne va a salvarla también el filósofo, encontrando lo que parecía imposible: su unidad, en el amor. La poesía apegada a ella, viviendo dispersamente, trágicamente según ella, no podía encontrarla. Porque la poesía es pura contradicción; el amor en la poesía anhela la unidad y se revuelve contra ella, vive en la dispersión y se aflige. Llora por lo que no quiere dejar y se rebela contra lo que le salvaría. La poesía es la conciencia más fiel de las contradicciones humanas, porque es el martirio de la lucidez, del que acepta la realidad tal y como se da en el primer encuentro. Y la acepta sin ignorancia, con el conocimiento de su trágica dualidad y de su aniquilamiento final.

El poeta siente la angustia de la carne, su ceniza, antes y más que los que quieren aniquilarla. El poeta no quiere aniquilar nada, nada sobre todo, de las cosas que el hombre no ha hecho. Rebelde ante las cosas que son hechura humana, es humilde, reverente, con lo que encuentra ante sí y que él no puede desmontar: con la vida y sus misterios. Vive, habita en el interior de ese misterio como dentro de una cárcel y no pretende saltarse los muros con preguntas irrespetuosas. Eterno enamorado, nada exige. Pero su amor lo penetra todo lentamente.

El poeta vive según la carne y, más aún, dentro de ella. Pero la penetra poco a poco; va entrando en su interior, va haciéndose dueño de sus secretos y, al hacerla transparente, la espiritualiza. La conquista para el hombre porque la ensimisma, la hace dejar de ser extraña.

Poesía es, sí, lucha con la carne, trato y comercio con ella que, desde el pecado —«la locura del cuerpo»— lleva a la caridad. Caridad, amor a la carne propia y a la ajena. Caridad que no puede resolverse a romper los lazos que unen al hombre con todo lo vivo, compañero de origen y de creación.

Porque al pecado de la carne sigue la gracia de la carne: la caridad. Pecado carnal y caridad son frutos cristianos, pero los dos están al borde de salir de su sueño en las páginas del *Fedro*, del *Fedón*, o del *Banquete*. De un momento a otro parece que van a surgir las dos palabras que sólo el cristianismo trajo.

Se acerca a ellas —pecado, caridad— tanto como se acerca a la poesía. La poesía sí las llevaba consigo; son sus mismas entrañas, la constituyen. Mas la poesía ha tardado mucho en saberlo; agobiada con su tesoro, nunca se puso a contarlo. Nunca volvió los ojos, los ojos tristes, hacia sí. Nunca —generosa y desesperada— se ocupó de sí como la filosofía desde el primer instante hiciera.

El poeta no se cuida de hacer el recuento de sus bienes y de sus males; el inventario de su fortuna. Porque el poeta no puede saber quién es; ni sabe siquiera lo que busca. El filósofo, al menos, sabe lo que busca y por ello se define *filó-sofo*. El poeta, como no busca sino que encuentra, no sabe cómo llamarse. Tendría que adoptar el nombre de lo que le posee, de lo que le toma allanando la morada de su alma; de lo que le arrebata. Pero no sería fácil, pues unas veces se siente arrebatado, endiosado; otras se siente en cambio apegado, enredado en sueños sin forma [y sin] ni siquiera ímpetu; se siente vivir en la carne cuando la carne todavía es opaca y no se ha hecho transparente por la luz de la belleza ¿Cómo llamarse el poeta? Perdido en la luz, errante en la belleza, pobre por exceso, loco por demasiada razón, pecador bajo la gracia.

El filósofo busca porque se siente incompleto y necesitado de completarse, porque siente su naturaleza alterada y quiere conquistarla. Pero el poeta nada en la abundancia, en el exceso. Y tal vez por esta sobreabundancia el poeta no pueda elegir. Por vivir inundado por la gracia no puede recogerse sobre sí, intentar ser sí mismo, ni sabe qué sea esto de «sí mismo» que es la obsesión del filósofo. Perdido en la riqueza, ciego en la luz. Pecador en la gracia, viviendo según la carne y según la caridad.

El camino platónico es bien diferente. Si parece que pasa al borde mismo de la palabra «pecado» y de la palabra «caridad» y no cae en ellas, era que no podía. Esa leve distancia que le separa es esencial a toda su filosofía. De haberla atravesado, todo hubiera tenido que empezar planteándose desde la raíz.

Si Platón quiere salvar las apariencias, no puede renunciar a salvar el amor que nace de la carne, pero tiene que separarlo de ella. Toda la teoría platónica del amor es su desasimiento del cuerpo, su incorporación al proceso de la dialéctica, del conocimiento que conduce al ser —al ser que es y a ser yo con lo que es—. Parejamente a la dialéctica corre la escala de la belleza. La belleza tiene el privilegio de ser visible enteramente. El ser verdadero está oculto, la unidad y el bien, lo divino, no son visibles. Mas la belleza es lo único que tiene el privilegio de manifestarse sensiblemente inclusive sin caer en el no ser; diríamos que es la única apariencia verdadera. «En cuanto a la belleza, brilla, como ya he dicho entre las todas las demás esencias, y en nuestra estancia terrestre donde lo eclipsa todo su brillantez, la reconocemos por el más luminoso de nuestros sentidos. La vista es, en efecto, el más sutil de todos los órganos del cuerpo. No puede, sin embargo, percibir la sabiduría, porque sería increíble nuestro amor por ella si su imagen y las imágenes de las otras esencias dignas de nuestro amor se ofreciesen a nuestra vista, ¡tan distintas y tan vivas como son! Mas no, únicamente la belleza ha obtenido este privilegio de poder ser lo que está más en evidencia y aquello cuyo encanto es más amable»[12].

Es, en verdad, como si el ser verdadero y oculto dejara verse por un desgarrón del velo que lo cubre. Por eso es posible partir, para esta nueva ascensión, desde la belleza visible. Es lo único visible en que podemos apoyarnos. Mas para dejarlo en seguida por la belleza una: «El que quiera además aspirar a este objeto... debe, desde su juventud, comenzar a buscar cuerpos bellos. Debe, además, si está bien dirigido, amar uno solo... En seguida debe llegar a comprender que la belleza que se encuentra en un cuerpo cualquiera es hermana de la belleza que se encuentra en todos los demás. En efecto, si es preciso buscar la belleza en general sería una gran locura no creer que la belleza que reside en todos los cuerpos es una e idéntica». Comienza de esta manera la escala del amor a través de la belleza, mas desprendida de la particularidad de un cuerpo, para concluir: «El que en los misterios del amor se haya elevado hasta el punto en que estamos, después de haber recorrido en or-

12. *Fedro*, 250 c-d

den conveniente todos los grados de lo bello, y llegado, por último, al término de la iniciación, percibirá como un relámpago una belleza maravillosa, aquella, ¡oh Sócrates!, que era objeto de todos sus trabajos anteriores; belleza eterna, increada e imperecible, exenta de aumento y disminución; belleza que no es bella en tal parte y fea en cual otra, bella sólo en tal tiempo y no en tal otro, bella bajo una relación y fea bajo otra, bella en tal lugar y fea en cual otro, bella para éstos y fea para aquéllos; belleza que no tiene nada de sensible como el semblante o las manos, y nada de corporal; que tampoco es este discurso o esta ciencia; que no reside en ningún ser diferente de ella misma, en un animal, por ejemplo, o en la tierra, o en el cielo, o en otra cosa, sino que existe eterna y absolutamente por sí misma y en sí misma»[13].

Con esto ya está logrado lo que parecía más imposible, la generalización de lo sensible. Lo sensible era contrario y rebelde a la unidad, unidad en que, una vez hallada, participan todas las cosas que antes veíamos dispersas, cada una viviendo por sí. Por la belleza se ha logrado esta unidad. El mundo sensible ha encontrado su salvación, pero más todavía, el amor a la belleza sensible, el amor nacido en la dispersión de la carne.

El amor nacido en la dispersión de la carne encuentra su salvación porque sigue el camino del conocimiento. Es lo que más se parece a la filosofía. Como ella, es pobre y menesteroso y persigue a la riqueza; como ella, nace de la oscuridad y acaba en la luz; nace del deseo y termina en la contemplación. Como ella, es mediador.

13. *El banquete*, edición de la Universidad Nacional de México, 1921, pp. 316-318.

Y ahora, después de leer *El Banquete*, se presenta la duda de que haya, en realidad, dos caminos de salvación: el de la dialéctica y el del amor, esta otra dialéctica amorosa, esta purificación del alma dentro del amor mismo, sin que sea menester su aniquilación.

El amor sirve al conocimiento, llega al mismo fin que él por diferente camino, por el camino que menos apropiado parecía, el de la manía o el delirio: «He aquí a donde llega todo este discurso que concierne a la cuarta especie de delirio —sí, de delirio—. Cuando a la vista de la belleza de aquí abajo y al recuerdo de esto que es verdadero, toma las alas, de nuevo alado e impaciente también de volar, mas impotente para hacerlo, dirige a lo alto sus miradas a la manera del pájaro y descuida las cosas de acá abajo... de todas las formas de posesión divina (entusiasmo) ésta se revela ser la mejor, tanto para el sujeto como para el que le está asociado; y la presencia de este delirio en el que ama a los cuerpos bellos hace decir de él que está loco de amor»[14].

Hay un delirio divino que es el amor. ¿Cómo al llegar aquí no sintió Platón la necesidad de justificar a los poetas como hombres esclavizados por este delirio? Delirio del amor que ejerce la misma función que la violencia filosófica. Mediante él, el hombre queda arrebatado, suspenso, en «éxtasis», según los místicos habrían de repetir durante siglos, innumerablemente.

Agradezcamos a Platón *El Banquete*, el *Fedro*. Por ellos el amor quedó a salvo de su total destrucción. En el ascetismo dominante que enlazó filosofía griega y religión cristiana, el amor y su culto, la religión del amor, la antigua religión del

14. *Fedro*, 249 d-e

amor de los misterios, tuvo un lugar. Por el pensamiento platónico, no solamente se unen filosofía griega y cristianismo, sino la religión del amor y del alma, que bajo diversos nombres existía, y el cristianismo. Sin este pensamiento mediador hubiera quedado completamente aniquilada, oculta, y tal vez produciendo graves trastornos con inexplicables apariciones parciales y desesperadas.

Porque el cristianismo, religión triunfante que ha vivido en la cultura triunfante de occidente, anuló a algunas de las religiones anteriores, cuyo rastro no tiene hoy forma, ni nombre pero que, sin duda, se entrelazan con la religión católica que tuvo la flexibilidad de absorber las particularidades en donde las había. Y hay, sin duda, cultos olvidados a deidades desconocidas que viven oscuramente bajo otros nombres. Así hubiera pasado con el amor, de no haber mediado el pensamiento realmente mediador de Platón.

El amor se ha salvado por su «idea», es decir, por su unidad. Se ha salvado porque partiendo de la dispersión de la carne lleva a la unidad del conocimiento, porque su ímpetu irracional es divino ya que hacia lo divino asciende. La idea primera que del amor se crea es ya mística. Por eso es un gran error lo que tantas veces se ha dicho: que el amor místico es un trasunto del amor carnal tal y como se da. Es todo lo contrario: el amor carnal, el amor entre los sexos, ha vivido «culturalmente», es decir, en su expresión, bajo la idea del Amor platónico que es ya mística. Y en las épocas en que el amor ha sido una fuerza social, en esos brillantes momentos del final de la Edad Media y del Renacimiento, todo enamorado manifestaba su amor en términos platónicos, más o menos puros, y lo que es más grave: si así lo decía el enamorado era porque él mismo así lo sentía, porque así se lo decía a sí mismo. Y así era. Gracias al platonismo el amor ha tenido categoría intelectual y social. Se ha podido amar sin que sea un hecho escandaloso.

Gracias a esta salvación del amor ha podido existir la poesía dentro de la cultura ascética del cristianismo. La primera poesía: los himnos a la Virgen, la Salve, la Letanía, tejen con imágenes, en parte hebraicas, una idea de la mujer divina que el cristianismo primitivo, en verdad, no comportaba. La divinización de la mujer es también cosa platónica es un hecho posible merced al pensamiento platónico, a sus consecuencias. La mujer ha quedado también salvada porque ha quedado idealizada. Si el hombre se enamora es porque lleva en su mente un *a priori* ideal de lo femenino, y quien no lo lleve no puede jamás enamorarse.

La poesía se cubrió con este manto; vivió y creció prodigiosamente amparada por este firmamento. Y así toda la poesía de la Edad Media que no es cínica, burlesca —como nuestro Arcipreste de Hita— es platónica sin saberlo. Presupone y canta la unidad del amor y, también, la ausencia. El motivo «ausencia» en el amor es un motivo claramente platónico que a los historiadores de la literatura les compete estudiar. «Ausencia» en el amor, porque la presencia jamás es posible, y si alguna vez se diera ya no se cantaría.

Así, el *Cántico Espiritual* del místico San Juan de la Cruz es el canto a la ausencia del amado. Aquí explicable porque su amado, en efecto, no es visible. Pero en la poesía profana de este tiempo y del anterior se vería también constantemente este motivo de ausencia y de búsqueda constante de las huellas del amado. La naturaleza entera se transforma: ríos, árboles, prados, la luz misma conserva la huella de la presencia amada siempre esquiva e inalcanzable.

Porque el amor lleva ya constitutivamente una distancia. Amor sin distancia no sería amor porque no tendría unidad, es decir, objeto. Es su diferencia fundamental con el deseo: en el deseo no hay propiamente objeto, porque lo apetecido no está en sí mismo, no se tolera este ensimismarse que ya la poesía realizaba por su cuenta, antes de Platón y después, cuando ha sido extraña a su influjo. El deseo consume lo que toca; en la posesión se aniquila lo deseado, que no tiene independencia, que no existe fuera del acto del deseo. En [el] amor subsiste siempre el objeto, tiene su unidad inalcanzable. La posesión amorosa es un problema metafísico y, como tal, sin solución. Necesita traspasar la muerte para cumplirse; atravesar la vida, la multiplicidad del tiempo.

El amor, al igual que el conocimiento, necesita de la muerte para su cumplimiento. El amor por quien se propaga la vida... Éste es, creemos, el fundamento de toda mística: que el amor que nace en la carne (todo amor «primero» es carnal) tiene, para lograrse, que desprenderse de la vida, tiene también que convertirse, como decía Platón era menester realizar con el conocimiento.

Y esta conversión, en verdad se ha verificado por la poesía, en la poesía. En la poesía que supo mejor que la filosofía interpretar su propia condenación, pues le estaba reservado a la poesía nutrirse hasta de su propia condena. Con más fuerza que el pensamiento, ha sabido, hasta ahora, sacar su virtud de su flaqueza; su existencia de su contradicción, de su pecado.

Poesía platónica en la que se perpetúa la antigua religión del amor, la antigua religión de la belleza transformada, a veces, en religión de la poesía. En algunas de sus afortunadas realizaciones se manifiestan las tres y todavía algo más:

el punto de coincidencia de dos cosas, al parecer, incompatibles: filosofía y cristianismo. Si al correr del tiempo no se le pueden perdonar algunas injusticias, es que a los fundadores, los que con su palabra decidieron la suerte de los siglos, no les sea dado el poder contemplar su obra. Así [a] Platón, con esta estrofa, con esta sola estrofa, la más platónica, la más poética también, de toda la poesía humana:

¡Oh cristalina fuente
si en esos tus semblantes plateados
formases de repente
los ojos deseados
que tengo en mis entrañas dibujados!

En tan breves palabras está todo Platón y toda la poesía.

Todo hombre de talla gigantesca, todo aquél que ha decidido con su palabra o con su obra la suerte de la historia humana tiene su leyenda por la cual su nombre desciende hasta la más oscura ignorancia. La leyenda es la forma piadosa del conocimiento porque, merced a ella, todo hombre participa, en algún modo, de la verdad y de la historia. Muchas gentes no saben de Platón sino una leyenda que las hojas del almanaque reproducen alguna vez: Platón se anunció a su maestro, Sócrates, antes de su encuentro con él, en un sueño; en un sueño bajo la forma de blanco cisne. Reprimamos la sonrisa incrédula de los que han leído mucho y se han ensoberbecido por ello. Porque un cisne es un ángel castigado; un ángel inmovilizado que no ha perdido su pureza, ni sus alas. Unas alas incoherentes, demasiado grandes para tan leve cuerpo al que no consiguen, sin embargo, arrastrar hacia lo alto y que, más que órgano, son señal, nostalgia de una perdida naturaleza. Y alguien ha podido soñar con Platón sintiéndole detrás de dos criaturas las más diferentes: un toro y un blanco cisne. El toro de la sangre y de la muerte, transformándose en la pureza alada, pero problemática, de la filosofía.

Poesía y metafísica

Parecería natural que, tras la reconciliación entre pensamiento y poesía operada bajo el cielo de las ideas platónicas, pensamiento y poesía no volvieran ya a ser irreconciliables. Así hubiera sido de no haber en el mundo más pensamiento que la filosofía platónica. Pero después, mucho después, que Platón pidiera el poder para el pensamiento filosófico, otros se alzaron en demanda de lo mismo, mas con muy diferentes designios.

Porque hemos visto que Platón, que despreció a la poesía, que erigió en un imperio más alto que nadie a la razón, iba cargado por un designio más generoso y universal, más verdaderamente amante de la unidad, que lo que a primera vista encontramos en su condenación de la poesía. Por eso no le bastó la filosofía y tuvo que hacer teología, y tuvo que descubrir, fortaleciéndola, fundamentándola y aclarándola, la mística. Pero no todos los filósofos han procedido llevados de iguales ansias. Mucho más tarde, en la vida de esa parte del mundo llamada Europa, y en el momento histórico llamado Época Moderna, la Filosofía volvió a nacer por segunda vez, renació y con ello sus pretensiones imperiales fueron presentadas de nuevo, pero de diferente manera.

Porque la primera esperanza había quedado fundada. La Edad Media y el Renacimiento han recogido esta herencia platónico-cristiana, y era tal su firmeza que hasta dentro del ascetismo se había hecho lugar para el goce. Como ya hemos visto, algo se había salvado del ascetismo, no por el lado cristiano, sino por la vía platónica: era el amor justamente, el amor platónico. Y su riqueza es tanta, tan profunda su fecundidad, que llega hasta el arte, el arte plástico más alejado todavía, más «irracional» que el de la palabra. La pintura misma se llena de *logos*, se penetra de idea y de sentido. Leonardo da Vinci es el pintor platónico en el cual culmina la tradición preciosísima del llamado *Quattrocento* italiano. Las vírgenes de Fra Angélico y Filippo Lippi, las diosas paganas de Botticelli y los desnudos de Giorgione, son platónicos también, como lo serán las vírgenes de Rafael, último pintor platónico[1].

Pero el hombre jamás se satisface y cuando logra la reconciliación entre dos principios que aparecían como irreconciliables, levanta otro, o más bien, desde uno de ellos se eleva su continuidad, levantando de nuevo la lucha. El hombre

1. Es de gran interés observar cómo en la pintura española, una de las grandes pinturas de Europa, no existe este platonismo. España, patria de la [«imagen de la», ed. 1971] Inmaculada Concepción, no produce ni una sola imagen de Virgen platónica. Las Purísimas de Ribera [«, Zurbarán», ed. 1971] y Murillo, a quienes correspondía serlo, son algo bien diferente, y que no es de este lugar [«el», ed. 1971] investigar, aunque no esté nada lejos de la poesía.

no puede navegar en la unidad y, cuando la logra, la destruye para volver a buscarla de nuevo. Necesita la unidad como meta, como horizonte, y no puede saborearla cuando, al fin, ha caído a sus pies como un fruto maduro.

La esperanza que en el mundo griego aparece, la esperanza de que el hombre tuviera, al fin, ser, ser frente al ir y venir de la naturaleza, ser también dentro de su propio torbellino, había quedado en verdad afianzada por el doble camino de la filosofía y de la religión cristiana. Filosofía y religión se habían unido tan estrechamente desde los primeros momentos que bien a las claras se mostraba que la batalla que estaban dando las dos era, en gran parte, coincidente. Tan coincidente que la religión renunciaba, por el pronto, a lo que tenía de peculiarísimo frente a la filosofía, a cambio de que ésta marchase a su lado. Y así fue, y así quedó cumplido perfectamente con una perfección pocas veces conseguida en asuntos humanos.

La poesía fue manifestación y, a la vez, instrumento de esta unidad en el combate. Ella también unió su voz a la batalla contra las sombras. La *Divina Comedia* realiza ese momento feliz, tal vez no repetido, de unión sin vagas y nebulosas identificaciones entre poesía, religión y filosofía. Y le ha tocado como era regular en la poesía, el mitificar, el materializar la esperanza que entre la filosofía y la religión habían afianzado.

Otro momento de unidad profunda entre las tres cosas se verifica, según se nos ha aparecido, por el camino de la mística. Pero esto —es preciso al menos dejarlo ahora señalado—, comporta un problema aparte: la cuestión un tanto grave de que toda la poesía sea, en último término, mística, o la mística sea, en su raíz, poesía; una forma de religión poética o religión de la poesía. No vamos a pararnos en este momento en ello[2].

Mas la tregua fue corta, el instante de paz breve. Pronto, bien pronto, comenzó a dejarse oír la nueva esperanza; pronto comenzó a abrirse paso formulándose de tantas maneras como podía. La nueva esperanza era, nada menos, que este mundo. Este mundo; tener en este mundo todo lo que habíamos aplazado para el otro. Gozar, más acá del tiempo, de lo que solamente a condición de atravesar el dintel de la muerte, se nos había prometido tan razonadamente. Es decir, saltar el largo camino de la ascesis. La nueva esperanza no se encierra dentro del ascetismo; lo quiere todo sin tener que renunciar, por el pronto, a nada.

Lo quiere todo, pero quiere algo de una manera más determinada y es la individualidad. La verdad es que la esperanza primera se había dirigido ante todo al ser, al ser de las cosas, y en seguida al ser del mismo hombre. Mas este ser, este ser íntegro del hombre, sólo más allá de la muerte —por la contemplación, dice Platón, por la redención, dice el cristianismo— se podía hallar. Mas ahora el acento va a caer sobre el ser logrado en este mundo, más acá de la muerte. Y en seguida y en otro momento, en el ser sí mismo, en el ser individual.

La Filosofía se va a instalar en el orbe de la creación. La religión, al fin, no podía seguir por más tiempo reservándose sus verdades. Ya la batalla dada en común junto con la filosofía había sido ganada. Ahora cada una va a formular sus

2. Con este último pensamiento, el autor, desde hace algún tiempo, no está tan de acuerdo. [Esta nota a pie de página fue añadida por Zambrano en la edición de 1987 del F.C.E.].

nuevas exigencias que, curiosamente, se van a transfundir. Del Cristianismo, un misterio, el de la creación —voluntad y libertad divinas, infinitas— va a adelantarse como tema central, obsesionante. Y desde el lado de la Filosofía, la existencia humana, y en seguida la existencia humana individual, va a tratar de abrirse paso no de un modo cualquiera, sino sencillamente como fundamento de toda realidad.

Y como Cristianismo y Filosofía estaban inexorablemente enlazados, sus afanes se transfunden. La creación divina, voluntad y libertad, es lo que va a estar en el fondo de eso que se ha llamado Metafísica. Está en el fondo primeramente, pero no tardará mucho en salir a la superficie manifestándose plenamente: desde Kant, el Kant de la Razón Práctica, Fichte, Schelling, hasta Hegel, donde el afán religioso cobra adecuación exacta con la razón. En Hegel la razón, al otro extremo de Platón, hace también teología. Quizá no sea aventurado si a este período del pensamiento filosófico se le llamara Metafísica de la Creación.

En el orden del conocimiento se quiere encontrar la fundamentación de la ciencia, es decir, del conocimiento que ya se posee pero que, por lo visto, no es bastante el que se posea, si no se posee desde su última raíz. Se trata, realmente, de un conocimiento ambicioso. Pues, en realidad, llegar a la fundamentación del conocimiento es tanto como saber de las cosas lo que se sabría si se las hubiese creado. Es conocer desde la raíz misma del ser. Es conocer absolutamente.

Pero tal conocimiento implica, naturalmente, el que el hombre mismo quede situado, en último término, como fundamento del ser de las cosas. El hombre es el sujeto de un conocimiento fundamentador. Tenía que llegarse de aquí forzosamente a la autonomía de la conciencia de Kant, pues, al hombre mismo ¿quién ha determinarle, en dónde hallar su fundamentación? El ser ya no está ahí como en los tiempos de Grecia, ni como en la Edad Media, como algo en que mi ser, mi propio ser, está contenido, bien que de diferente manera de las demás cosas. Ya el ser no es independiente de mí pues que, en rigor, sólo en mí mismo lo encuentro, y las cosas se fundamentan en algo que yo poseo. Sólo la persona humana quedará exenta, libre, fundándose a sí misma.

Autonomía de la persona humana. En verdad que anteriormente sólo alguien había gozado de determinarse a sí mismo: la propia divinidad. Ahora sí, realmente, ya era el hombre a imagen y semejanza de Dios, pero tan imagen que en verdad no era imagen, es decir, reflejo, copia, destello, sino como antes se concibiera a Dios: libre y creador. Creador.

Éste era, al parecer, el programa del pensamiento; programa francamente religioso. La razón caminaba por el cauce de una desmedida ambición religiosa. El hombre quería ser. Ser creador y libre. Y seguidamente ser único. Son los pasos sin duda decisivos de la historia moderna, de eso que propiamente se llama Europa. Y su angustia y su tragedia.

La metafísica de la creación. Nada más natural que, dentro de ella, la creación artística tenga su lugar y aún su lugar central pues, al fin, el acto de la creación es un acto estético, de dar forma. Lo que hay en el centro de esta metafísica, como ya se ve no más acercarse a ella, es la acción. La acción que arranca de la voluntad y acaba en el acto de dar forma. La noción de arte no es que vaya a ser admitida, sino que será central, definitiva en alguna forma de esta metafísica de la creación. El acto creador por antonomasia en el que se muestra la identidad de lo que aparecía separado por un abismo: el espíritu y la naturaleza. El arte, lejos de ser forjador de sombras y fantasmas, es la revelación de la verdad más pura, es la manifestación de lo absoluto. En vez de pretender eternizar lo que es contradictorio, es la manifestación más inmediata de la identidad. El arte, en esta metafísica que se concreta —hasta donde es posible que una metafísica así se concrete— en Schelling, cumple con una función que es parte de la creación divina misma. Las formas del arte son copia directa, revelación inmediata de las ideas divinas, de las ideas que han actuado en la creación. Dice H. Heimsoeth: «Las ideas eternas o las autointuiciones de Dios —anteriores como la misma identidad absoluta a todo antagonismo de lo subjetivo y lo objetivo, de lo natural y de lo espiritual— son los arquetipos de todas las realidades que se despliegan en grados y diferencias, son las formas de las cosas tal como éstas son en lo Absoluto; son las propias y verdaderas cosas en sí. Y ésta es la gran función metafísica del arte: presentar *in concreto* estas Ideas en imágenes fieles y en el producto mismo sensible, infinito. Sin saberlo, revela el genio artístico "el interior de esa naturaleza bienaventurada en el que no hay ninguna oposición". "Las formas del arte son las formas de las cosas en sí y como ellas son en los arquetipos"», y concluye en el mismo párrafo: «Las ideas que la filosofía sólo consigue interpretar en el sistema abstracto hácense "objetivas por medio del arte como almas de cosas reales"»[3].

No podía darse reivindicación más profunda, más total, del arte desde la Filosofía. Inevitablemente ha tenido que

---

3. H. Heimsoeth. *La metafísica moderna*, Madrid, Revista de Occidente, 1932.

darse en un pensador platónico dentro del antiplatonismo que significa la Metafísica moderna. Metafísica de la creación, de la voluntad y de la libertad; por tanto, cada vez se desgaja más de la herencia platónica: la contemplación de la unidad del ser la contemplación amorosa, amante de la unidad del mundo más allá de los que descubren los ojos de la carne.

Corresponde, como es sabido, este pensamiento de Schelling al Romanticismo. En el Romanticismo poesía y filosofía se abrazan, llegando a fundirse en algunos momentos con una furia apasionada; como amantes separados largo tiempo y que en su encuentro presienten que su unión no será duradera, se funden con la pasión que precede a la muerte. (No hemos creído necesario detenernos en el especial lugar que la poesía, las artes de la palabra, ocupan en la metafísica del arte y que desde luego es el más privilegiado dentro del privilegio). Poesía y filosofía desbordan cada una de sí, son igualmente extremistas, y no aspiran a lo absoluto porque se creen ya dentro de él. Ambas se sienten a sí mismas como una transcendental revelación. Todo en ellas se escribe con mayúscula...la embriaguez, ese momento de la embriaguez en que parecen fundirse todas las barreras. La conciencia se ha esfumado y ¿por qué no vamos a creerlas? Sin duda algo divino tocan. Tocan lo divino que excede en ambas a las fuerzas de un ser humano y, agobiadas por su peso, caen. Su luz, la luz de que disponen en su conciencia humana, no es suficiente para reducir a razón, a medida, todo el tesoro de que se ven inundadas.

Y así, poetas y pensadores del romanticismo pasan ante nosotros agobiados por una obra gigantesca, hasta en dimensiones. Lo que se les ofrece es inagotable. Tienen que crear el universo. Ni un instante de descanso, ni una tregua. Todas las fuerzas son pocas para lo que tienen que hacer y el tiempo vuela. Realmente hoy los vemos como en una nube de fuego, suspendidos entre cielo y tierra. Demasiado visibles para que los identifiquemos con el creador, mas por encima de la tierra. No son el creador, pero su figura sí se encuentra en esta atmósfera enrarecida, donde por no haber cuerpos ya, no hay límites y es posible creerse que se está en varios sitios indistintamente, en varios sitios a la vez.

El poeta que más se destaca en este tiempo es el francés Victor Hugo, aunque en Alemania, la Alemania de la filosofía, florezca el esplendor romántico del grupo de Jena, y un Novalis y un Hölderlin. Todos ellos tienen figuras de dioses a medio hacer, de jóvenes dioses desterrados. Mas Víctor Hugo es un profeta que realiza sus propias profecías; diríase que se pasa el tiempo profetizándose a sí mismo.

**

No pudo durar mucho este tiempo de gigantes. Después de la última generación romántica viene la corrección. A Víctor Hugo sucede Baudelaire. Y a Schelling, Kierkegaard. Diríase que estos dos sucesores que merecían haber sido coetáneos traen una cosa esencial: medida, conciencia. El hombre entre nubes de fuego desciende a la tierra y abre los ojos y se encuentra siendo hombre. Hombre que vive en la atmósfera de la creación, sí, mas como criatura, no como hacedor. Y ya tienen conciencia de su pecado, conciencia acuciante, exacerbada, como si a la perenne conciencia del pecado original se añadiese otra de un suceso más reciente. La conciencia del reciente pecado, del pecado romántico, es clarísima y dolorosa en estos dos genios de la conciencia despierta, en estos dos ánimos que no se toleran a sí mismos ni un instante de claudicación. Los dos son, o aparecen al menos, arbitrarios, y despegados de los hombres. Al menos tal es lo que en su personalidad humana parecía sugerir a los que tuvieron la fortuna, anulada por la ceguera, de verles y convivir con ellos. Arbitrariedad; mas ¡cuánta justeza, y, cuánta inexorabilidad para juzgar la situación verdadera en que se encontraban esencialmente como hombres! ¡Cuánta honradez para distinguir el sueño de la realidad, para separar el momento de la caída irreparable que, de una vez para siempre, nos coloca del «lado de acá» de la creación!

En estos dos pensadores —nadie dudará de que Baudelaire lo fue—, en estos dos poetas —no hay que demostrar que Kierkegaard lo era—, lo que tiene lugar, en verdad, es una purificación. Ellos purgan la embriaguez anterior y ellos reducen las cosas a sus justas proporciones. Los dos son casi científicos en su afán de precisión. Y lo que primeramente se precisa en ellos, pensadores y poetas a la vez, es la distinción entre poesía y metafísica. La luz se ha hecho de nuevo, volvemos a la tierra. Regresamos, y las cosas quedan donde realmente están, no donde por un instante se ha querido que estén, creyéndose más que hombres en un rapto. Porque aun suponiendo que todo lo que dicen los románticos sea verdad, lo será en todo caso para ellos en el instante de inspiración, no para los que solamente son hombres, criaturas creadas, dotadas de libertad, mas de una libertad que está enclavada dentro de la más perentoria necesidad. Seres libres, pero encadenados en la existencia por múltiples lazos, y ante todo por la cadena del tiempo.

Ambos, Baudelaire y Kierkegaard, traen conciencia. Conciencia de la poesía en Baudelaire, casi exageradamente. Conciencia de la poesía en que se le da la conciencia de su finitud y, todavía más, la conciencia del pecado. Baudelaire, soberbio y humilde, soberbio en quien vence la humildad, se define a sí mismo como pecador. Mas, como pecador que espera, justamente por la poesía, que el Creador le haya guardado un lugar bajo sus plantas. Un pecador que espera salvarse como poeta: como hijo.

Y por hacer la misma cosa: aplicar inexorablemente la conciencia, pensamiento y poesía se desligan de nuevo en estos pensadores-poetas. Ya no volverán a juntarse ante nuestros ojos. La idea de la creación no ha podido forjar una unión durable entre poesía y pensamiento. El abrazo, como ya veíamos desde el principio y como ya sentían los que se abrazaban, duró lo que un relámpago. También es cierto que tal vez esté por averiguar lo que de auténtico allí hubo. Es muy posible que una de las cuestiones esenciales para poetas y también —¿por qué no?— para filósofos sea el averiguar el verdadero suceso de la unión entre poesía y filosofía que tuvo lugar en el romanticismo. El verdadero suceso y su sentido.

***

Y, en efecto, es en esta época cuando pensamiento y poesía se desligan, se ignoran. Y es también cuando, por primera vez, la poesía responde a la actitud imperialista del pensamiento filosófico, aspirando ella igualmente a idéntico poder y haciéndose absoluta.

Y es que la poesía ha adquirido conciencia en esta era de la conciencia. El poeta va adquiriendo, cada vez más, conciencia de su poesía y de sí. El poeta por primera vez teoriza sobre su arte, y hasta piensa sobre su inspiración. El poeta propiamente romántico piensa desde su inspiración —Novalis, Victor Hugo—. El poeta que le sigue —Baudelaire— interpreta su inspiración como trabajo. «La inspiración es trabajar todos los días». El poeta ya no se siente o no se quiere sentir a merced del arrebato, del delirio que le posee. Y es tanto más significativo, porque quien así pensaba era el mismo que dijo: «¡Embriagaos, embriagaos siempre, de virtud, de vino... qué importa!», el mismo de «¡en cualquier parte, con tal de estar fuera del mundo!» Y en este caso habría que distinguir entre la inspiración misma poética y lo que el hombre Charles Baudelaire, viviente de la época del positivismo, pensaba. Sus ideas correspondían plenamente a las de la época: primacía del trabajo, dominio total de la conciencia. Pero significan un grado más en el proceso de acercamiento a la conciencia de la poesía y, en este caso singular, la afortunada unión de la inspiración con el esfuerzo; del «poeta vate» con el «poeta *faber*», Baudelaire realizó plenamente lo que atribuyera a su genio tutelar, Edgar Poe, «sometido a su voluntad el demonio fugitivo de los instantes felices»[4].

Y en este camino de la poesía consciente, Paul Valery significa un paso decisivo y quizá la identificación más total hasta ahora de pensamiento y poesía, desde el lado poético, en su culto a la lucidez. La poesía ha dejado de ser un sueño: «*La véritable condition d'un véritable poète est ce qu'il a de plus distinct de l'état de rêve. Je n'y vois que recherches volontaires, assouplissement de pensées, consentement de l'âme à des gens*

4. *Nouvelles Histoires extraordinaires*, pág. 17.

exquises et le triomphe perpétuel du sacrifice (...) Qui dit exacti-tude et style invoque le contraire du song». El que dice exacti-tud y estilo invoca lo contrario del sueño; pero el sueño no ha dejado de estar en la raíz de la poesía, lo que ocurre es que, por vez primera, se ha hecho consciente el esfuerzo in-finito que es necesario para expresar el sueño o que, por pri-mera vez, el poeta confiesa lo que durante siglos ha mante-nido en silencio: el trabajo. Porque *«ce n'est pas des abscenses et de rêves que l'on impose à la parole de si precieux et si rares ajustements».* *«Celui-là mème qui veut ecrire son rêve se doit d'être infiniment éveillée».* La raíz del sueño no se ha secado en la poesía; se habría entonces secado la poesía misma. Su-cede que el poeta desde la poesía adquiere cada vez más conciencia; conciencia para su sueño; precisión para su deli-rio.

Y la razón de que esto ocurra es precisamente que el poe-ta se afirma en su poesía. Baudelaire, Valery son realizado-res y definidores, al par, de la «poesía pura». Y poesía pura es afirmación, creencia en la poesía, en su substantividad, en su soledad, en su independencia**.

Y la «poesía pura» fue a establecer, desde el lado opuesto al romanticismo, el que la poesía lo es todo. Todo, entenda-mos, en relación con la metafísica; todo en cuanto al conoci-miento, todo en cuanto a la realización esencial del hombre. El poeta se basta con hacer poesía para existir; es la forma más pura de la realización de la esencia humana.

Y precisamente desde esta manera de enlazar poesía y pensamiento se hace más difícil, imposible en realidad, la reconciliación entre poesía y metafísica. Porque el poeta

** Ver nota II, pág. 152.

puro ya no la necesita. Y, desde el otro lado, el filósofo moderno también cree realizar la esencia del hombre por su pensar metafísico. Diríase que poesía y pensamiento han venido a ser dos formas de acción y, por ello, más que nunca se excluyen, se ignoran.

Y tan es así, que el poeta tiene ya su ética en la realización de su poesía. Su ética que es este estar despierto precisamente; este velar persistente, este sacrificio perenne por lograr la claridad al borde mismo del sueño. Paul Valery también lo dice: «*C'est dans le point que la littérature rejoint le domaine de l'ethique: c'est dans cet ordre de choses que peut s'y introduire le conflit du natural et de l'effort, qu'elle obtient ses heros et ses martyres de la resistence au facile*»[5].

El poeta se mantiene vigilante entre su sueño originario —la raíz nebulosa— y la claridad que se exige. Claridad exigida por el mismo sueño que aspira a realizarse por virtud de la palabra poética. Es el héroe, sí, el mártir que entrega su vida por la poesía. ¿Tendrá acaso necesidad de alguna otra cosa para justificar y aún santificar sus días?

La situación, pues, ha cambiado casi por completo desde los tiempos de Grecia. El poeta ya no está fuera de la razón, ni fuera de la ética; tiene su teoría, tiene también sus éticas propias, descubiertas por él mismo, no por el filósofo. El poeta es, es tanto cuanto pueda ser quien hace metafísica. Los dos hacen algo esencial y que parece bastarse a sí mismo.

Pero si los que hacen poesía y metafísica tienen pretensiones idénticas, es porque, partiendo de un punto común, eligen diferentes caminos. Y el camino no es nunca arbitrario;

5. *Varieté, II*, pág. 229.

depende del punto de partida y el fin, de lo que se quiere realizar y salvar. Dos caminos son dos verdades y también dos distintas y divergentes maneras de vida. Si admitimos la identidad del hombre, no pueden el hombre que hace metafísica y el hombre que hace poesía partir de una situación radicalmente diferente. Han de tener, al menos, un punto inicial común. Y tras ese arranque de una situación común se presentará el momento en que algo, una disyuntiva plantea la necesidad de elegir. Y en virtud de esta elección, se apartan luego los caminos.

Porque en el fondo de toda esta época moderna, parece residir una sola palabra, un solo anhelo: querer ser. El hombre quiere ser, ante todo. Ciego, antes de afanarse en abrir los ojos, quiere ciegamente. Y cuando mira es para ser. Por eso no quiere ver otra cosa que lo absoluto. A su ansia de absoluto ninguna otra cosa puede serle dada que lo absoluto también. Pero, en realidad, no ha ido a buscarlo porque el absoluto alienta ya dentro de él. No se siente, en verdad, incompleto el hombre de este momento; no se siente necesitado ni menesteroso de salir en busca de nada. Y, sin embargo, debajo de su «absoluto» está —mares de nada— ciega, indiferente, la angustia. Y sobre la angustia, los altos muros del sistema.

La angustia que parece ser la raíz originaria de la metafísica moderna, en general, es decir de la Metafísica. Y por ser raíz, se percibe más claramente en su última formulación que desde la primera; más desde allí donde ha llegado, que de donde partió. Y ya este carácter nos parece avisar que sea algo emparentado con la voluntad y con la acción. La acción es más clara cuando se ha cumplido que en el impulso inicial. Y así, la voluntad siempre se muestra en su plenitud cuando ha logrado su cumplimiento, y no cuando envuelta todavía entre las nieblas sentimentales y las máscaras del entendimiento, avanza cautelosamente.

La metafísica moderna, es decir, la metafísica europea, de tan diferente rostro que la filosofía griega, tiene esta manera cautelosa, un poco astuta de proceder. Si la comparamos con la griega veremos más claramente su falta de transparencia, su forma tan distinta de aparecer y revelarse. Diríase que la griega mostró desde el primer momento la plenitud de sus caracteres, se reveló a sí misma con la ingenuidad de lo naciente; avanzaba confiada, sin conciencia de la dificultad, ni del pecado. Avanzaba con la fuerza de la esperanza unida a la razón. Era una aurora.

La metafísica europea es hija de la desconfianza, del recelo y, en lugar de mirar hacia las cosas en torno, de preguntar por el ser de las cosas, se vuelve sobre sí en un momento distanciador que es la duda. Y la duda es, ya en el «padre» Descartes, la vuelta del hombre hacia sí mismo, convirtiéndose en sujeto. Y es el alejamiento de las cosas, del ser que antes se suponía indudable. Descubrimiento del sujeto, intimidad del hombre consigo mismo, posesión de sí y desconfianza de lo que le rodeaba. La virginidad del mundo se había marchitado y ya no volvería a recobrarla.

Y con la virginidad del mundo, de las cosas, la razón, al desconfiar y alejarse, se afirmaba a sí misma con una rigidez, con un «absolutismo» nuevo en verdad. La razón se afirmaba cerrándose y después, naturalmente, ya no podía encontrar otra cosa que a sí misma.

De ahí la angustia. La angustia que arroja como fondo último toda esta metafísica, como última revelación de su raíz, definidora de la actitud humana, de donde salieran tan altivos y cerrados sistemas de pensamientos. Tal vez sea algo arbitrario, pero parece existir una correlación profunda entre angustia y sistema, como si el sistema fuese la forma de la angustia al querer salir de sí, la forma que adopta un pensamiento angustiado al querer afirmarse y establecerse sobre todo. Último y decisivo esfuerzo de un ser náufrago en la nada que sólo cuenta consigo. Y como no ha tenido nada a qué agarrarse, como solamente consigo mismo contaba, se dedicó a *construir*, a edificar algo cerrado, absoluto, resistente. El sistema es lo único que ofrece seguridad al angustiado, castillo de razones, muralla cerrada de pensamientos invulnerables frente al vacío.

Y la angustia no se resuelve sino con actividad. No lleva a la contemplación, sino a un pensamiento que es acción, a un pensar que se pone en marcha porque es lo único que puede poner en marcha el ser angustiado, porque es lo único que tiene para afianzarse. Desde la duda cartesiana, la angustia era el final indeclinable.

Criatura consciente y nada más. A medida que se afirma lo de *consciente* y se va tornando en fundamento de todo, se va afirmando también lo de *nada más*. La soledad se va ahondando, se va ensanchando y al fin la angustia aparece. El aislamiento total, el aislamiento frente a todo, y en seguida la acción.

Pero es que la angustia no sólo es consecuencia de la soledad, de «ser consciente y nada más», sino que la angustia es el principio de la voluntad. O tal vez hay angustia porque hay ya un principio de voluntad. Lo cierto es que angustia y voluntad se implican. Y la voluntad requiere soledad, es anticontemplativa. Es singular, rehúye la comunidad.

Y así, el sistema es la forma de la angustia y la forma del *poder*. La forma de la incomunicación, de la soledad obstinada.

***

La poesía, en verdad, vive alejada de esto. Poder y voluntad no le interesan, ni entran en su ámbito. La conciencia en ella no significa poderío. Y esta es la mayor diferencia. Cuando la poesía hable de ética hablará de martirio, «de sacrificio». La poesía sufre el martirio del conocimiento. Padece por la lucidez, por la videncia. Padece porque poesía sigue siendo mediación y en ella la conciencia no es signo de poder, sino necesidad ineludible para que una palabra se cumpla. Claridad precisa para que lo que está diseñado, no más en la niebla, se fije y se precise; adquiera «número, peso y medida».

Porque la poesía no va a captar lo que ya tiene «número, peso y medida». No va, como la filosofía, a descubrir las leyes del «cálculo según el cual Dios hizo el mundo», las leyes de la creación, sino que va a encontrar el número, peso y medida que corresponde a lo que todavía no lo tiene[6]. Y por eso es padecimiento y sacrificio. Es creación, en suma. Y por eso es inspiración, llamada, ímpetu divino. Y justicia

6. «Sí, la inactualidad. Vivir siempre una vida ["una idea", ed. de 1971], de después o de nunca, poniente en ["de", ed. de 1971] este puerto... Salidas lívidas, en madrugadas de lluvia, de bailes, de ciudades que aún no están en el tiempo... Suspiros dobles al jardín, por galerías que aún son peñas ["peña", ed. de 1971], en el canto de alondras que aún son sueño.» Juan Ramón Jiménez: «Inverosimilitud». Segunda Antología Poética. [En la edición de 1971 no figura "Segunda Antología Poética"].

caritativa, ocasión tendida hacia lo que no logró ser, para que al fin sea. Continuidad de la creación.

No puede verterse en la forma del sistema como la metafísica, nacida de la angustia, porque no puede quedar nunca cerrada. Y el día en que quedara definida sería el día final de la creación. De la creación que, por la poesía, sigue su curso.

En la poesía hay también angustia, pero es la angustia que acompaña a la creación. La angustia que proviene de estar situado frente a algo que no precisa su forma ante nosotros, porque somos nosotros quien hemos de dársela. En la angustia del poeta no hay peligro, ni amenaza alguna presente, sino solamente temor, el «santo temor» de sentirse obligado a algo que nos levanta por encima de nosotros mismos, que nos lanza y obliga a ser más que hombres. Dice el fenomenólogo Kolnai en su estudio *El Asco*[7]: «El concepto de angustia es inseparable del concepto de amenaza, peligro, necesidad de salvarse o de socorro». Y el poeta, en verdad, cuando sufre la angustia de la creación, no repara en que sea él quien mediante ella se salve. Es la palabra quien se salva mediante el poeta y si luego el poeta se salva, es porque ya está dicho que «quien pierde su vida la ganará». Y que «lo demás se os dará por añadidura».

Dice también Kolnai en el trabajo indicado: «El modo intencional de la angustia es doble. La angustia se refiere, simultáneamente, a dos objetos completamente independientes: el objeto que produce la angustia y la persona o sujeto que la sufre. Yo tengo angustia a la vista de una amenaza de

---

7. Editorial Revista de Occidente, Madrid, 1929. [En la edición de 1971 aparece: «Revista de Occidente, 1929, Madrid»].

peligro, a la idea de ella, pero, evidentemente, sólo en atención a mí mismo, a mi persona».

Lo que se patentiza en la angustia, por tanto, es la persona, es ella la que se angustia por abrirse paso. La persona no es otra cosa que eso que Kierkegaard ha llamado «espíritu». Podríamos afirmar que este abrirse paso de la persona es un desprendimiento de la naturaleza y de todo lo inmediato, en su vuelta sobre sí, y es lo que sucede efectivamente, es el acontecimiento decisivo de la filosofía moderna.

De ahí que la angustia parezca yacer en el fondo de toda la filosofía y, más que yacer, se actualiza, se pone en marcha en el pensamiento filosófico moderno, según se comprueba en Kierkegaard y en Heidegger, quien parece ser el heredero de toda la filosofía alemana desde Kant. Pues lo que más azora en el «hecho» de la filosofía existencial de Heidegger, además de su éxito, es que parece salir de una tradición que no tiene el menor carácter advenedizo. Está entroncada en la tradición metafísica alemana de tal manera que parece ser la revelación de su último secreto. Al menos con este carácter se presenta históricamente.

La persona, el espíritu. Mas las dos palabras sugieren en seguida otra tercera, la voluntad, es decir, el poder. Y así aparece sin duda en la misma filosofía.

La imagen de la angustia con su inmediata consecuencia, el poder, está diseñada insuperablemente por Kierkegaard en su libro clásico: *El concepto de la angustia*[8]. Dice así en el capítulo titulado «El concepto de la angustia»: «La inocencia es ignorancia. En la inocencia no está el hombre determinado

---

8. Revista de Occidente, Madrid, 1930. [En la edición de 1971 aparece: «Edic. Revista de Occidente, Madrid, 1930.]

como espíritu, sino psíquicamente, en unidad inmediata con su naturalidad. El espíritu en el hombre está soñando».

«En este estado hay paz y reposo; pero hay al mismo tiempo otra cosa que, sin embargo, no es guerra ni agitación pues no hay nada con qué guerrear. ¿Qué es ello? Nada. Pero ¿qué efecto ejerce? Nada. Engendra angustia. Éste es el profundo misterio de la inocencia: que es al mismo tiempo angustia. Soñando proyecta el espíritu de antemano su propia realidad; pero esta realidad es nada; y la inocencia ve continuamente delante de sí esta nada».

«La angustia es una determinación del espíritu que ensueña y pertenece, por tanto, a la Psicología. En el estado de vigilia está puesta la distinción entre mi yo y mi no-yo; en el sueño está suspendida, en el ensueño es una nada que acusa. La realidad del espíritu se presenta siempre como una forma que incita su posibilidad; pero desaparece tan pronto como él echa mano a ella; es una nada que sólo angustiar puede».

«Todo gira en torno de la entrada de la angustia en escena. El hombre es una síntesis de lo psíquico y de lo corpóreo, pero una síntesis inconcebible cuando los dos términos no son unidos en un tercero. Este tercero es el espíritu... El espíritu hállase, pues, en acecho, pero como espíritu inmediato que está soñando. En tanto se halla en acecho, es en cierto sentido un poder hostil pues perturba continuamente la relación entre el alma y el cuerpo... Por otro parte es un poder amigo puesto que quiere justamente constituir la relación. Ahora bien, ¿cuál es la relación del hombre con este poder ambiguo? ¿Qué relación guarda el espíritu consigo mismo y con su condición? El espíritu tiene angustia de sí mismo. El espíritu no puede librarse de sí mismo, tampoco puede comprenderse a sí mismo mientras se tiene a sí mismo fuera de sí mismo; ni tampoco puede hundirse el hombre en lo vegetativo, puesto que está determinado como espíritu; de la angustia no puede huir porque la ama; amarla, no puede propiamente, porque la huye...No hay ningún saber del bien y del mal, sino que la realidad entera de saber proyéctase en la angustia como la ingente nada de la ignorancia».

Ignorancia del bien y del mal, ignorancia de la existencia que aparece en la plenitud de su posibilidad como una sombra poblando de presentimientos infinitos la blancura desierta de la conciencia. Después (Kierkegaard sigue el texto de la caída de Adán y Eva según el *Génesis*) una palabra sólo descarga la angustia: «la prohibición —dice a continuación de lo transcrito más arriba— le angustia, pues la prohibición despierta la posibilidad de la libertad en él: lo que por la inocencia había pasado como la nada de la angustia, ha entrado ahora en él mismo y surge ahora de nuevo una nada: la posibilidad angustiosa de *poder*. Adán no tiene ninguna idea de qué es eso que puede... Sólo existe la posibilidad de poder, como una forma superior de la ignorancia y como una expresión superior de la angustia, porque este poder en sentido [superior] es y no es; porque ama y huye en sentido superior». Y unas líneas más tarde: «La infinita posibilidad de poder que despertó la prohibición, se acerca más, porque esta posibilidad tiene por consecuencia otra posibilidad».

Sueño. Angustia ante la totalidad presentida, ante el infinito de la libertad. Y caída en el poder... Ya sé que Kierkegaard no emplea la palabra *poder* en el sentido de poder de dominación, sino en el sentido de la posibilidad de un ser que despierta al tiempo que cae, es decir, que cae en su propia existencia desde el sueño inocente en que yace, mientras todavía no es él mientras todavía no ha salido del seno de Dios o de la nada. Angustia, presentimiento dentro de la nada, de la caída de la propia existencia, del despertar en el pecado de ser uno mismo. *La vida es sueño* lo dice más claramente, más plásticamente al menos con su imagen central de la vida como sueño (todo es sueño, menos el «obrar bien que ni en sueños se pierde»). Pero en el poeta la vida es el sueño, y en el filósofo el sueño es la inocencia y la caída es el despertar a la libertad. En los dos la libertad [es] lo único real.

Libertad además de real, absoluta, en Kierkegaard puesto que reduce el pasaje bíblico a un suceso interior al hombre, y las palabras de Dios es Adán quien se las dirige a sí mismo.

***

Muy audaz parecerá tal vez el llevar el arranque de la poesía hasta un acontecimiento tan decisivo, tan en lo hondo de la naturaleza humana, que no hay ciencia que lo pueda alcanzar ni medir. Pero la poesía no es nada arbitrario, y el que es poeta lo es con tanta forzosidad como el que elige la filosofía o la ciencia. Pertenece la poesía al linaje de las ocupaciones humanas que no se llevan a cabo más que por exigencia del destino, por forzosidad inevitable. El poeta es.

El sueño de la inocencia. Y la angustia como posibilidad de la libertad. Hasta aquí van juntas poesía y cualquier otra forma de existencia humana. Mas la distinción vendría en el instante siguiente, en el instante de la aparición del poder. Hay quien descubre la infinitud de este poder, de la posibilidad, y queda ya prendido a ella. Queda adherido, fijo a ese poder, a esa infinita posibilidad, quizá porque no advierte otra cosa; nada real determinado que con su presencia le encante, le encadene. Y hay quien se encadena por el encanto de una presencia, por el amor; hay quien se encadena renunciando o no percibiendo siquiera la infinitud del poder. Este último es el poeta. El poeta está encadenado por el encanto, y no llega a la actualización del poder.

En la angustia, decíamos, se abre paso la persona. El «espíritu», dice Kierkegaard»; la «existencia», Heidegger. Mas, ¿de qué modo? Si el poeta no sigue el camino de la filosofía, ¿quiere decir que la persona, el espíritu se ha abstenido? ¿Quiere decir que la poesía vendría de una *epojé* de la persona? Mas, ¿puede el hombre renunciar a ser persona?

¿No será que el que va por el camino de la poesía no acepte ser persona sino de otra manera que la manera del filósofo, por la voluntad? ¿No será que el poeta haya elegido el camino del conocimiento? Si por conocimiento entendemos lo que se entendía en Grecia y lo que entiende el hombre no idealista, el conocer algo que es, o sea, el encontrar algo, un ser que nos rebase, que sea más que nosotros; un ser que nos venza enamorándonos, prendiéndonos a su vez, por amor. El poeta no quiere alcanzar la existencia por sí mismo, no quiere su ser conquistándolo a la nada, sino recibiéndolo «por añadidura». El poeta no quiere ser si algo sobre él no es. Algo sobre él que lo domine sin lucha; que le venza sin humillación, que le abrase sin aniquilarle. No puede aceptar una existencia solitaria, al borde del vacío; una existencia ganada por su sola voluntad.

Ni Kierkegaard, ni nadie de los que han hablado de la angustia, trazan el momento del amor. Sólo el temor aparece. Y no hay amor porque no hay tampoco ninguna presencia, ningún rostro. La infinitud del poder y de la libertad sin límite alguno, porque el límite tendrá que estar puesto por algo, por alguna otra cosa. En la angustia no existe el otro.

Y en la angustia del poeta sí, sí existe ya algo que él se ve forzado a crear, porque se ha enamorado de su presencia sin verla, y para verla y gozarla la tiene que buscar. El poeta está enamorado de la presencia de algo que no tiene y, como no lo tiene, lo ha de traer. Cita Kierkegaard la idea de Schelling de que la angustia designa principalmente los sufrimientos de Dios antes de principiar a crear. Y dice no sin ironía a continuación: «En Berlín ha expuesto lo mismo de un modo aún más preciso, poniendo en paralelo a Dios con Goethe y J. von Müller, que sólo se encontraban bien mientras producían, y recordando a la vez que una felicidad que no puede comunicarse es una infelicidad»[9]. Y está en lo cierto cuando juzga, unas líneas después, estas ideas como antropomórficas. Así es; esta angustia creadora es solamente propia del hombre. Pero lo extraño es que Kierkegaard no se sintiera atraído a reflexionar en el significado de esta angustia creadora de los poetas.

Y sin angustia el poeta no recorrería el camino que va desde el sueño —ese sueño que hay bajo toda poesía— y que es el sueño que hay bajo toda vida. No saldría el poeta de ese sueño de la inocencia, si no es por la angustia. Angustia llena de amor, y no de voluntad de poder, que le lleva hasta la creación de su objeto.

9. Kierkegaard: *El concepto de la angustia*, p.93. Trad. española de la Revista de Occidente.

De ahí el que la metafísica moderna se nos aparezca siempre como después de haberle sido extraído algo. Y el hombre que esa metafísica diseña, un tanto vacío, un tanto deshumanizado o, tal vez, desdivinizado a fuerza de querer divinizarse. Porque la embriaguez de la libertad acaba con los límites; y los límites nos los traen la presencia de las cosas, de los seres, del mundo y sus criaturas y aun del hacedor de todas ellas. La libertad absoluta, con la ilusión de disponer enteramente de sí, de crearse a sí mismo por sí misma, acaba borrándolo todo. «La angustia es el vértigo de la libertad»[10].

Y la poesía sería el vértigo del amor. Vértigo que va en busca de lo que, sin ser todavía, le enamora, en busca del «número, peso y medida» de lo que aparece indeterminado, indefinido. La poesía anhela y necesita de la claridad y de la precisión. Una poesía que se contente con la vaguedad del ensueño sería (Valéry tiene entera razón) un contrasentido. Para precisar el sueño virginal de la existencia, el sueño de la inocencia en que el espíritu todavía no sabe de sí, ni de su poder, la poesía necesita toda la lucidez de que es capaz un ser humano; necesita toda la luz del mundo.

El poeta al no querer existir sin otro, sin otro que le sobrepase, se vuelve hacia allí de donde salió. La poesía quiere reconquistar el sueño primero, cuando el hombre no había despertado en la caída; el sueño de la inocencia anterior a la libertad. Poesía es reintegración, reconciliación, abrazo que cierra en unidad al ser humano con el ensueño de donde saliera, borrando las distancias. La metafísica, en cambio, es un alejamiento constante de este sueño primero. El filósofo cree que sólo ale-

---

10. Kierkegaard: *op. cit.*, p. 95

jándose, que sólo ahondando en el abismo de la libertad, que sólo siendo hasta el fin sí mismo, será salvado, será. El poeta cree y espera reintegrarse, restaurar la unidad sagrada del origen, borrando la libertad, y su culpa, al no utilizarla. Son dos movimientos divergentes que ni siquiera tienen un origen exactamente común, puesto que el poeta no llegó al instante de la libertad, del poder. Retrocede en el dintel mismo.

Y el camino no deja de ser paralelo al que antes vimos en Grecia. Allí la poesía retrocede ante la «violencia» y se queda adherida en la presencia de las cosas en la admiración primera. Reducido para siempre al asombro primitivo ante el universo, ante su belleza y su luz fugitiva. Ahora, en este segundo camino del hombre, el poeta se queda atrás también; no llega hasta el abismo de la libertad que conduce a ser «sí mismo». En el corazón mismo de la angustia retrocede en busca del sueño primero, para dibujarlo. Para dibujarlo y perforarlo en busca del rostro amado. El poeta quiere reencontrar el rostro que había tras el sueño, la belleza medio oculta en la inocencia. Y utiliza el saber, la conciencia, para precisarlo.

La poesía quiere la libertad para volver atrás, para reintegrarse al seno de donde saliera; quiere la conciencia y el saber para precisar lo entrevisto. Por eso es melancolía. Melancolía que borra en seguida la angustia. El poeta no vive propiamente en la angustia, sino en la melancolía.

Porque, habiendo retrocedido ante el poder de la libertad, la angustia desaparece. Desaparece cuando se anula el principio del poder y de la libertad o, con otro nombre: la voluntad.

Y queda la poesía ligada a su sueño primero por la melancolía, melancolía que hace volver en su busca, para precisarlo, para realizarlo. La poesía busca realizar la inocencia, transformarla en vida y conciencia; en palabra, en eternidad.

Será imposible el que no veamos en la poesía una integridad lograda mayor que en la Metafísica; imposible que no veamos en ella el camino de la restauración de una perdida unidad. Imposible, también, el que no la sintamos como la forma de la comunidad, puesto que si la poesía se hace en palabras, es porque la palabra es lo único inteligible. Porque la palabra, en fin, sería ese sueño compartido.

Y eso persigue la poesía: compartir el sueño, hacer la inocencia primera comunicable; compartir la soledad, deshaciendo la vida, recorriendo el tiempo en sentido inverso, deshaciendo los pasos, desviviéndose. El filósofo vive hacia adelante, alejándose del origen, buscándose a «sí mismo» en la soledad, aislándose y alejándose de los hombres. El poeta se desvive, alejándose de su posible «sí mismo», por amor al origen.

(Y tan es así, que el filósofo siempre contrapone, de alguna manera, la soledad para él fecunda, diríamos ética, con la comunidad. Heidegger habla del *se* como de la existencia vulgar de la cual el filósofo se aparta salvándose en sí mismo. Ortega y Gasset habla de la masa, de la deshumanización de la que hay que salir siendo auténtico, es decir: sí mismo. Mas, justo es decir que Ortega ha diseñado la vida como una dialéctica de soledad y compañía y ha dicho que «vivir es convivir». El por qué de esto en la filosofía de Ortega nos llevaría muy lejos del tema; pues, a mi modo de ver, no es sino la condición caritativa del pensamiento español, manifestado en Ortega)[11].

11. Se verá aquí [«alienta aquí» en la ed. de 1971] el tremendo problema de la convivencia humana, de la comunidad y del dónde, en que se veri-

La poesía deshace también la historia; la desvive reco-rriéndola hacia atrás, hacia el ensueño primitivo de donde el hombre ha sido arrojado. Hacia la vida virginal, inédita, que alienta en todo hombre bajo los sucesos del tiempo. La poesía que nació en Grecia apegada al tiempo, sin querer re-nunciar a él, lo atraviesa ahora, lo perfora por no querer des-prenderse del sueño primero, de la inocencia prehistórica. Filosofía e historia marchan juntas hacia adelante movidas por la voluntad, mientras que la poesía se sumerge bajo el tiempo, desprendiéndose de los acontecimientos, en busca de lo primario y original; de lo indiferenciado, donde no existe ninguna culpable distinción.

El filósofo ahonda en lo que constituye toda distinción, y la historia es, a su vez, el movimiento realizador, actualiza-dor de toda posible distinción. La filosofía es, en cierto modo, la verdadera historia; muestra en su curso lo que de verdaderamente decisivo ha ocurrido al hombre. Pero la poesía manifiesta lo que el hombre es, sin que le haya suce-dido nada, nada fuera de lo que le sucedió en el primer acto desconocido del drama en el cual comenzó el hombre, ca-yendo desde ese lugar irreconquistado que está antes del co-mienzo de toda vida, y que se ha llamado de maneras dife-rentes. Maneras diferentes que tienen de común el aludir a algo, a un lugar, a un tiempo fuera del tiempo, en que el hombre fue otra cosa que hombre. Un lugar y un tiempo que el hombre no puede precisar en su memoria, porque entonces no había memoria, pero que no puede olvidar por-que tampoco había olvido. Algo que se ha quedado como

fica; [«es decir,» en la ed. de 1971] si es posible una auténtica comunica-ción y desde dónde.

pura presencia bajo el tiempo y que cuando se actualiza es éxtasis, encanto.

El poeta no ha podido resignarse a perder esa patria lejana y parte en su busca. Pero el poeta es aquél que no quería salvarse él sólo; es aquél para quien ser sí mismo no tiene sentido: «Una felicidad que no puede comunicarse no es felicidad». No es a sí mismo a quien el poeta busca, sino a todos y a cada uno. Y su ser es tan sólo un vehículo, tan sólo un medio para que tal comunicación se realice. La mediación, el amor que ata y desata, que crea. La mediación del amor que destruye, que consume y se consume, del amor que se desvive.

¿No será posible que algún día afortunado la poesía recoja todo lo que la filosofía sabe, todo lo que aprendió en su alejamiento y en su duda, para fijar, lúcidamente y para todos, su sueño?

Poesía

Filosofía es encontrarse a sí mismo, llegar, por fin, a poseerse. Llegar a alcanzarse atravesando el tiempo, corriendo con el pensamiento más que el tiempo mismo; adelantándose a su carrera en una competencia de velocidad. El filósofo es el que, no habiendo conseguido lo que Josué, detener el sol, sabiendo ya que el sol no se detiene, quiere adelantarse a su curso y así, si no logra pararle, logra, al menos, lo que es decisivo, ir delante. Estar ya allí cuando él llegue.

Ninguna ambición más seria, más profunda; y por ello, quizá, más reprobable que la filosofía. Quiere el filósofo salirse de la corriente del tiempo, de la procesión de los seres, despegarse de la larga cadena de la creación en que marchamos unidos en condena temporal con los demás, con el resto de los hombres y con las otras criaturas también: luces y sombras que nos acompañan. Pero el filósofo no acepta este encadenamiento, esta compañía. Ha soñado alguna vez, en el alborear de su vida, cuando todavía no era filósofo, que una voz invisible le llamara para sacarle de la procesión y destacarle del resto de los peregrinos. Una voz que le llamase por su nombre, un nombre extraordinario, singular, que solamente para él fuera inventado. Un nombre que llenara de asombro a los compañeros de cadenas y le confiriese a él, un ser único, invulnerable y exclusivo; sobre todo, exclusivo. Y tal prodigio no se cumplió nunca. Entonces, el esperanzado «teórico», desconfía y desespera. Mas, como desesperar va contra la eficacia, contra la voluntad de ser que le consume, mira en torno suyo y piensa que fue un error de su ingenuidad el esperar oír esta voz que para nadie ha sonado y piensa, piensa que esta voz no existe. Sigue pensando (a eso no renuncia) que este suceso que esperara en vano se realizase por un prodigio, le esté encomendado a su decisión el conseguirlo. Y entonces mira al derredor, desconfiadamente y se pone a pensar. Piensa, en efecto. Y de su pensar sale su ser; su nombre singular y único, su ser inescrutable. Sale, conquistado por su propio esfuerzo, lo que llama *ser*: su ser. Y encuentra el filósofo —que ya lo es— que vale más que haya sucedido así, pues que si la voz hubiese sonado para sacarle de la procesión de las criaturas anónimas, dándole nombre y haciéndole salir de la común corriente temporal, que a todos por igual abraza, si este milagro hubiese en realidad ocurrido como él estuvo entonces esperando, el ser, su ser, ya no sería tan suyo. Sería, sí, singular, exclusivo; pero sería recibido. Es decir, gratuito, extraño en cierto modo, y en cierto modo impuesto. Y ahora con este ser que él estrena, que él sólo posee porque él solo ha descubierto, se siente verdaderamente en posesión de sí, se siente, en verdad, criatura única, singular. Siente que tiene nombre y que ha logrado por fin, al separarse de la procesión anónima, detener el sol; o sea, salvarse de la común medida temporal. Se ha salvado del tiempo; ha roto la cadena que le hacía marchar junto con las demás criaturas: hombres, luces y sombras.

Y es que lo que el filósofo quería es ser directamente creado por Dios, ser inventado exclusivamente por él; en realidad, más que ser hombre, ser una criatura única. A la manera de los ángeles, según Santo Tomás, constituir una única especie: ser creado directamente por Dios y que se quebrara después el molde. Es un exclusivismo ontológico, un poco irritante, pero en verdad muy digno de respeto.

Pero al no suceder este prodigio, o al no tener el hombre que va a ser filósofo (mientras está en espera de que se produzca el milagro, todavía no es filósofo) la seguridad de que haya ocurrido, pues lo que interesa a nuestro hombre es ante todo la seguridad, piensa que si al fin tal cosa fuese cierta debería a ese «alguien» omnipotente su ser tan ansiado. Y entonces secretamente se hace la luz en su conciencia; secretamente. Es mejor que Dios sea él mismo: criatura originalísima, cuyo molde se ha fundido después de la creación, y Dios a la vez; producto del molde y hacedor del molde. Así, además adquiere la seguridad de que nadie más va a usarlo, pues el que hizo el molde está decidido a que así sea.

En realidad, el filósofo no comienza a serlo más que cuando decide operar por sí mismo el milagro. Pues ese milagro, tal vez, sea la esperanza de todos los que van caminando en la procesión encadenados en el tiempo. Pero si el que va a ser filósofo decide no esperar ya más la voz creadora que, al llamarle, le de nombre y ser, la voz del Padre, no es porque tenga especiales motivos para estar más cansado de la espera que los demás. No es porque esté especialmente «condenado por Dios» («condenado a ser filósofo» como uno de

ellos dijo), sino porque germinó en su conciencia la idea audaz, portentosamente audaz, de ser él mismo su propio
creador. Y ha tenido el tesón de sostenerlo, de perseguirlo
así, de reincidir a través de todas las angustias, de todas las
incertidumbres, de todas las servidumbres, a su propio
inexorable, despiadado destino.

Porque todos, todos, esperan alguna vez ser llamados por
su nombre, por su propio nombre que nadie conoce; ni
ellos, ni la madre de acá. Todos esperan alguna vez ser llamados por ese padre cuya mano y rostro hemos sentido sobre nuestra cabeza en forma de prohibición en los primeros
días, sombra sobre nuestra pura frente en el jardín turbador
de la niñez. Y de cuya voz hemos creído oír el eco lejano, a
nuestra espalda, cuando en la adolescencia quisimos salir
corriendo atravesando los límites del huerto cerrado. Y
cuya mirada, entre las nubes, ha llegado difuminada hasta
nuestras mejillas haciendo subir a ellas el fuego del temor y
del anhelo. Le hemos sentido como una aureola infinita sobre la frente y más allá de la figura de nuestro padre de acá.
Y su voz ha reforzado la suya haciéndola resonar hasta el infinito. Todos hemos sentido su ilimitada presencia sobre la
nuestra pequeña, insignificante. Y hemos sentido su presencia dando sentido, fuerza, a la naturaleza, «encima de los
cielos desplegados»; a las nubes como su carro, y al viento
como su «su alado caballo»[1].

Y todos hemos esperado, alguna vez, ser llamados por
esta voz que se nos apareció en eco. Esperamos oírla en palabras que venzan al temor y lo conviertan en infinito júbilo,

1. Se alude aquí a los versos tan conocidos de la traducción de los *Sal-
mos* hecha por Fray Luis de León: «Alaba, ¡oh alma!, a Dios, señor...».

en alegría lograda. Todos esperamos ver lo que solamente en sombra y alucinación se ha mostrado, del todo y para siempre. Y por esta esperanza hay quien no osa acometer en serio, es decir hasta sus últimas consecuencias, la tarea de darse a sí mismo el nombre. De ser él mismo su propio creador.

El filósofo lo comienza a ser cuando se decide a ganarse, a buscarse su nombre con su propio esfuerzo. Y el que no va a ser filósofo sigue, humilde y esperanzadamente, esperando a que se cumpla la plenitud de lo que espera.

Y caben todavía seres intermedios, criaturas que han ido hasta el dintel de la filosofía con una secreta esperanza a ver si, al fin, sucede. Como aquél que busca el rompimiento con el ser querido, esperando siempre que, en el último instante, no le dejen marcharse y, haciéndole imposible la marcha, le pruebe dos cosas que está necesitado de comprobar: la plenitud de su amor, y recobrar la tranquilidad de conciencia, el convencimiento, de que no ha habido más remedio que quedarse... como si el que de veras quiere desprenderse de los brazos amados fuera capaz de someterse a prueba alguna.

Así, han existido en todo tiempo criaturas extrañas que han querido «tentar a Dios», yendo hacia la filosofía, para detenerse en su dintel mismo, sin cruzarlo, porque han sabido, eso sí, que una vez cruzado ya no tendría remedio posible. Criaturas esperanzadas y desesperanzadas al par que, aun sin oír la voz, en el instante de tender la mano hacia el fruto del árbol que nos «hará ser como Dios», sin oír la advertencia angélica, dejan caer la mano. Porque no es el fruto lo que quieren, sino únicamente el fruto recibido, el fruto donado por la mano del Padre. Como hay niños que no quieren el juguete comprado con sus medios, ni el juguete encontrado, sino el juguete que las manos del padre y de la madre traen un día a casa, al rincón del jardín, inesperadamente. Ni siquiera el juguete pedido, sino únicamente el regalado por sorpresa, el que manifiesta con su fragilidad y, a veces, con su pobreza, la voluntad amorosa, el recuerdo de los padres cuando iban por la calle abstraídos por graves conversaciones; cuando quizá alguien muy importante les dirigía un saludo; cuando la madre, desatendiendo el saludo cortés del caballero de chistera, ha pensado en su niño y lo ha dejado todo, todo, presurosa por llevarle el juguete, muestra de la perennidad de su recuerdo, de que en todo instante, aun en los más brillantes, en la fiesta del mundo, él sólo –su hijo– sigue llenándolo todo en ella.

Así el poeta. El poeta, antes que nada y ante todo, es hijo. Hijo de un padre que no siempre se manifiesta. Lo hemos definido como amante anteriormente, pero la verdad es que antes de amante es hijo o, más verdad todavía: es el hijo amante, el amante que une en su ilimitado amor el amor filial con el enamoramiento. Filial, porque se dirige a sus orígenes, porque todo lo espera de ellos y por nada está dispuesto a desprenderse de lo que le engendrara. Y enamorado, porque está absorto en ello con las mismas exigencias, las mismas locuras y desvaríos del amor de los amantes. Baudelaire, mártir de la poesía, ¡qué claramente lo muestra!

Amor a los orígenes y descuido de sí. ¡Cómo va a cuidarse, si todo lo espera! Y lo que espera justamente es no tener, sino recibir. A la inversa que el filósofo, no se sentiría colmado con lo que recibe de las manos del padre o de la madre si no lo recibiera, porque no es lo importante el ser; su donación es lo que le colma. Y sin donación, el ser para nada le serviría. Mientras para el filósofo, si la voz al fin hubiese dejado oírse, habría caído en la cuenta, tardíamente, de que no era eso lo que quería, lo que necesitaba.

Y así, el filósofo parte despegándose en busca de su ser. El poeta sigue quieto esperando la donación. Y cuanto más tiempo pasa menos puede decidirse a partir. Y cuanto más se demora el regalo soñado, se vuelve hacia atrás. Parte entonces, pero es hacia atrás; se deshace, se desvive, se reintegra cuanto puede a la niebla de donde saliera... «Y pobre hombre en sueños / siempre buscando a Dios entre la niebla»[2].

Y aun puede suceder que el misterio de la voz resuene, que dibuje su presencia el rostro esperado y temido, y la conmoción sea tal: temor a escuchar, al fin, lo que se espera, amor que no quiere despegarse, terror de ser, por último, uno mismo y en soledad, oculto afán de seguir en dependencia y en anhelo, que se rehúya al instante, que se emprenda la marcha, la veloz carrera, huida ante la revelación. *Cuerpo perseguido*[3]. El poeta acosado por la gracia, temeroso y esquivo: tragedia, agonía del que tiene y se espanta de tanto tener, de acabar de tener al fin, pues que la vida, el marchar por el tiempo en la cadena de los seres, en la comunidad de las criaturas, quedaría rota si la voz se oyera. Porque quizá esta criatura, poeta del poeta, no puede aceptar su ser, no solamente si no le viene dado sino todavía más: si no le es dado, al mismo tiempo, a los que con él van.

Entonces la poesía es huida y busca, requerimiento y espanto; un ir y volver, un llamar para rehuir; una angustia sin

---

2. Antonio Machado, *Soledades y Galerías*.
3. *Cuerpo perseguido* es el título del libro inédito del poeta español Emilio Prados; él me ha hecho ver todo esto que digo.

límites y un amor extendido. Ni concentrarse puede en los orígenes, porque ya ama al mundo y sus criaturas y no descansará hasta que todo con él se haya reintegrado a los orígenes. Amor de hijo, de amante. Y amor también de hermano. No sólo quiere volver a los soñados orígenes, sino que quiere, necesita, volver con todos y sólo podrá volver si vuelve acompañado, entre los peregrinos cuyos rostros ha visto de cerca, cuyo aliento ha sentido al lado del suyo, fatigado de la marcha, y cuyos labios resecos de la sed ha querido, sin lograrlo, humedecer. Porque no quiere su singularidad, sino la comunidad. La total reintegración; en definitiva: la pura victoria del amor.

Victoria del amor sin mezcla de cosa alguna, victoria cuyo brillo no vaya empañado por la opacidad de la propia acción, de la propia voluntad. Y todo lo más que el poeta soporta es, después de haberlo ganado, llegar a merecerlo; hacerse *a posteriori* digno de lo que recibió por gracia, quedando claramente establecido que lo recibió sin ejercitar violencia alguna, ni siquiera la del merecimiento.

Existen dentro de una misma religión varias religiones. Por el pronto y en relación con esta cuestión, podemos señalar la diferencia inmensa que media entre el que quiere cercar a la gracia divina, forzándola con actos de sacrificio, con buenas acciones deliberadamente cometidas, y aquella otra, más propia del enamorado, de amante que todo lo espera sin forzar, sin poner en ejercicio ninguno de los medios de que dispone para obligar a la voluntad omnipotente. Y para todo amante siempre lo es la del amado.

Pasividad por amor. No se quiere ser sin la ayuda, no se quiere, cuando llegue la gracia, haberla ya merecido. Pero sí saberla recoger.

Y para ello se mantiene el poeta vacío, en disponibilidad, siempre. Su alma viene a parecer un ancho espacio abierto, desierto. Porque hay presencias que no pueden descender en lo que está poblado por otras... Desierto, vacío; porque sólo cuando esa presencia llegue, llegarán con ella todas las demás; sólo con su plenitud y luz cobrarán cuerpo y sentido las cosas.

Porque a nada se llega por uno mismo. No sólo no es posible poseerse a sí mismo, sino que tampoco se puede poseer ninguna cosa por pequeña, minúscula, que sea su existencia. En cada criatura vulgar está el misterio de su ser y el de la creación entera y, ¿cómo venir a poseerlo? En verdad, que aquél que llegara a penetrar enteramente en la existencia de la más deleznable criatura del mundo, habría penetrado en todo el mundo. Mas eso es imposible, como imposible es poseerse a sí mismo.

El poeta ha sabido desde siempre lo que el filósofo ha ignorado, esto es, que no es posible poseerse a sí mismo. Sería menester ser más que uno mismo; poseerse desde alguna otra cosa más allá, desde algo que pueda realmente contenernos. Y este algo ya no soy yo mismo. La actualidad plena de lo que somos, únicamente es posible a la vista de otra cosa, de otra presencia, de otro ser que tenga la virtud de ponernos en ejercicio. ¿Por qué hemos de salir de nosotros mismos, cómo, por quién, de no estar enamorados? Dice San Juan de la Cruz: «Mi alma se ha empleado y todo mi caudal a su servicio». Para que seamos uno mismo y en plenitud, es menester que algo haya puesto en actualidad nuestro tesoro, que eso que se nombra «el fondo del alma» se vuelque a la superficie; que nada quede en posibilidad, en pasividad, que seamos, en fin, acto puro. Y el ser humano no puede poseerse en sí; todo lo más puede poseer sus instrumentos, lo que en sí tiene de instrumental: el cuerpo, el alma, el pensamiento. Mas el uso completo, la posesión absoluta de sus instrumentos, deja al descubierto su insuficiencia. Y antes se agota la perfección instrumental que el afán que la usa.

Por eso el alma enamorada no puede quedarse en sí, no es sí misma cuando sólo se tiene a ella porque, todo lo más, logra la posesión de sus instrumentos. Y por debajo de los instrumentos queda algo, eso que los filósofos han nombrado ser, tan oculto como antes. No somos ni siquiera todo lo que tenemos. Y si fuera posible reunirlo en un instante determinado, reunir, juntar todo lo que tenemos en todos sus poderes, en acto, cuerpo, alma, pensamiento, veríamos que teníamos muy poca cosa, que la unidad seguía faltando.

Y esto que el filósofo debería haber sabido lo supo el poeta. No es que no le importara la unidad, no: era injusta la condena. Sino que siempre supo que no la conseguiría más que saliéndose de sí, entregándose, olvidándose. «Ya no guardo ganado / ni ya tengo otro oficio / que ya sólo en amar es mi ejercicio».

Sólo en el amor, en la absoluta entrega, sin reserva alguna, sin que quede nada para sí. La poesía es un abrirse del ser hacia dentro y hacia afuera al mismo tiempo. Es un oír en el silencio y un ver en la obscuridad. «La música callada, la soledad sonora». Es la salida de sí, un poseerse por haberse olvidado, un olvido por haber ganado la renuncia total. Un poseerse por no tener ya nada que dar; un salir de sí enamorado; una entrega a lo que no se sabe aún, ni se ve. Un encontrarse entero por haberse enteramente dado.

No es pereza, no es desgana, no es inmoral descuido, lo de la poesía. No es esquivar el esfuerzo y la fatiga, porque eso ningún hombre puede evitarlo. Y el poeta menos todavía. Es que la poesía al ser salida del alma, de su cercado, y apertura del ser último hacia dentro y hacia afuera, no puede calcular ni tan siquiera parar mientes en los pasos que da. Lo que se verifica por la poesía es algo absoluto. ¿Cómo gloriarse de ello a la manera del filósofo en su método? No puede graduarse, porque la poesía consume enteramente, transforma el ser donde desciende. Consume sin dolor, porque ya la esperaban; sin ese dolor que da el rechazar algo que sentimos nos disminuye. La poesía vence sin humillar, y aunque haya lucha —angustia y terror en los momentos que preceden a su aparición— el vencido no puede sentir rencor porque era lo que hondamente deseaba. Y, al fin, todo se serena en la plenitud. «En la noche serena / con llama que consume y no da pena».

***

Mas, ¿es posible que haya venido a parar en esto el vivir según la carne que era la poesía...? Vivir según la carne que llevaba dentro de sí la posibilidad del amor, su realidad encubierta. En el desvarío de la carne, en su irracional anhelo, estaba el amor. Y el amor puede convertir la irracionalidad de la carne porque se refiere a un objeto. No hay amor sin referencia a un objeto. Todo vivir enamorado lo tiene, y el poeta vive enamorado del mundo, y su apegamiento a cada cosa y al instante fugitivo de ella, a sus múltiples sombras, no significa sino la plenitud de su amor a la integridad. El poeta no puede renunciar a nada porque el verdadero objeto de su amor es el mundo: el sueño y su raíz, y los compañeros en la marcha del tiempo.

La poesía se separa de la filosofía porque el poeta no quiere conquistar nada por sí. Únicamente lo ofrece como gloriosa manifestación de quien tan generosamente se lo regala. Según un filósofo, Schelling, «Dios es el Señor del ser». Y con esto sí está de acuerdo el poeta, aunque no lo diga, ni crea creerlo. Toda poesía no es sino servidumbre, servidumbre a un señor que está más allá del ser. No es necesario, pues, captar el ser de las cosas que no hace, sino situarnos a mitad de camino y, en realidad, desviarnos, porque: «El ser es entidad, peculiaridad; es separación, pero el amor es la nada de la peculiaridad que no busca lo suyo, y por eso no puede ser por sí mismo, no siendo, ser», dice también Schelling. Y éste sería el fondo último del saber que comporta toda poesía y que por eso ha rehuido siempre al ser, al ser de las cosas en el sentido de la filosofía; su peculiaridad, su entidad partidista e injusta. Y el ser «sí mismo» del hombre, que no podrá hallar si no es en olvido de sí. Olvido de sí que es despertar en lo que nos ha creado, en lo que nos sustenta.

Porque el hombre se encuentra entre dos horizontes; las cosas de que nos vemos rodeados, las cosas compañeras y extrañas, las cosas a las que salimos desde el sueño primero, a las que salimos, sabiendo. Y eso otro, que queda detrás en el olvido, y de lo que el filósofo quiere desprenderse cuando marcha a conquistar su ser...

Mas no todos los filósofos, no todas las filosofías han significado este tremendo afán individualista o personalista diseñado al comienzo de este capítulo. Por el contrario, es constitutivo de una manera de filosofía —la más venerable—

el referirse a la totalidad de la cosas, no para desprenderse de ellas, sino para afirmarlas. No para evadirnos del mundo, sino para sostenerlo. El amor del filósofo por el saber ha sido amor de objetividad mediante el cual el vaivén primitivo se convirtió en universo. El orden ha sido cosa del amor.

Y hasta aquí irían juntos filosofía y poesía. No se han diferenciado, en verdad, más que primeramente por la violencia; después por la voluntad. La voluntad que parece ser el secreto de todo eso que la metafísica moderna ha llamado «espíritu»: espíritu que podemos entender por voluntad. Y la voluntad supone la libertad, y lleva en algunos casos al poder. Pues bien, la poesía se separa de la filosofía en este instante en que la libertad se dirige hacia el poder. En el instante en que el afán de ser peculiarmente hace separarse del origen. El poeta es el hijo perdido entre las cosas. Es, en realidad, el «hijo pródigo» a quien el padre siempre perdona, porque en su prodigalidad no dejó de vivir filialmente. El poeta no ha querido jamás olvidar su filialidad para despertar al saber. Perdido entre las cosas, pegado a la carne, en sueños y en olvido de sí. Mas, olvidándose de sí, se sumergía cada vez más en su origen.

La filosofía no siempre ha olvidado el origen, sino que partiendo de él ha salido a rescatar el ser perdido de las cosas, para forjar su unidad. Unidad que descansaba en un último fundamento inolvidable. Platón, Aristóteles y, ya en la moderna Europa, Spinoza, Leibniz y quién sabe si alguno más… no trataban, en verdad, de afirmarse a sí mismos, sino de afirmar ante todo el ser del universo; la unidad de todas las cosas en virtud, justamente, de su última fundamentación. La poesía no tendría nada que hacer en contra de esta filosofía, suponiendo que la poesía tuviese algo que hacer alguna vez en contra de nada. Muy al contrario, en esta referencia a la unidad íntegra del universo, en este dirigirse abrazando todas las cosas, poesía y filosofía estarían de acuerdo.

En lo que no estarían jamás de acuerdo sería en el método. La poesía es ametódica, porque lo quiere todo al mismo tiempo. Y porque no puede, ni por un momento, desprenderse de las cosas para sumergirse en el fundamento —en esto se diferencia de la actitud religiosa—. Y porque tampoco puede desprenderse, ni por un instante, del origen para captar mejor las cosas —ahí se distingue de la filosofía—. Quiere ambas cosas a la vez. No distingue, lo mismo que no puede distinguir entre el ser y la apariencia. No distingue porque no decide, porque no se decide a elegir, a escindir nada: ni las apariencias, del ser; ni las cosas que son, de sus orígenes; ni su propio ser, de allí de donde saliera.

«La existencia humana, pues, no está solamente *arrojada* entre las cosas, sino *religada* por su raíz. La religación —*religatum esse, religio, religión,* en sentido primario— es una dimensión formalmente constitutiva de la existencia (...) Y así como el estar abierto a las cosas nos descubre, en este su estar abierto, que 'hay' cosas, así también el estar religados nos descubre que 'hay' lo que religa. Lo que constituye la raíz fundamental de la existencia»[4].

La poesía ha estado siempre abierta a las cosas, arrojada entre ellas, arrojada hasta la perdición, hasta el olvido de sí, del poeta. Mas por este olvido de sí, más próxima siempre a estar abierta hacia ese último fondo o raíz de la existencia.

---

4. X. Zubiri: *En torno al problema de Dios*, Madrid, Revista de Occidente, 1935.

El poeta no se cuidaba ni preocupaba de sí, de su ser; era inmoral. Pero su inmoralidad lo ponía más cerca del último origen.

Y el milagro de la poesía surge en plenitud cuando en sus instantes de gracia ha encontrado las cosas, las cosas en su peculiaridad y en su virginidad, sobre este fondo último; las cosas renacidas desde su raíz. Ya el hombre, la existencia humana, su angustia, su problematicidad, quedan entonces anuladas. La poesía anula el problema de la existencia humana allí donde se manifiesta. Ya el hombre es sólo voz que canta y manifiesta el ser de las cosas y de todo. El hombre que no se lanzó a ser sí mismo, el hombre perdido, el poeta, lo tiene todo en su diversidad y en su unidad, en su finitud y en su infinitud. La posesión le colma; rebosa de tesoros quien no se ahincó en afirmar su vaciedad, quien, por amor, no supo cerrarse a nada. El amor le hizo salir de sí, sin poder ya jamás recogerse; perdió su existencia y ganó la total aparición, la gloria de la presencia amada.

> Pues ya si en el ejido
> de hoy más no fuere vista ni hallada,
> diréis que me he perdido,
> que andando enamorada,
> me hice perdidiza, y fui ganada.

La palabra ha venido a dar forma, a ser la luz de estas dos infinitudes que rodean y cercan la vida humana. La palabra de la filosofía por afán de precisión, persiguiendo la seguridad, ha trazado un camino que no puede atravesar la inagotable riqueza. La palabra irracional de la poesía, por fidelidad a lo hallado, no traza camino. Va, al parecer, perdida. Las dos palabras tienen su raíz y su razón. La verdad que camina esforzadamente y paso a paso, y avanzando por sí misma, y la otra que no pretende ni siquiera ser verdad, sino solamente fijar lo recibido, dibujar el sueño, regresar por la palabra al paraíso primero y compartirlo. La palabra que significa la apertura total de una vida a quien su cuerpo, su carne y su alma, hasta su pensamiento, sólo le sirven de instrumentos, modos de extenderse entre las cosas. Una vida que, teniendo libertad, sólo la usa para regresar allí donde puede encontrarse con todos.

La palabra que define y la palabra que penetra lentamente en la noche de lo inexpresable. «Escribía silencios, noches; anotaba lo inexpresable. Fijaba vértigos»[5]. La palabra que quiere fijar lo inexpresable, porque no se resigna a que cada cosa sea solamente lo que aparece. Por encima del ser y del no ser, persigue la infinitud de cada cosa, su derecho a ser más allá de sus actuales límites. «Me parecía que cada ser tenía derecho a otras vidas»[6]. Porque cada ser lleva como posibilidad una diversidad infinita con respecto a la cual, lo que ahora es, es únicamente porque ha vencido de momento. Significa una injusticia.

La realidad es demasiado inagotable para que esté sometida a la justicia, justicia que no es sino violencia. Y la voluntad aún extrema esta violencia «natural» y la lleva hasta su último límite. La palabra de la poesía es irracional, porque deshace esta violencia, esta justicia violenta de lo que es. No acepta la escisión que el ser significa dentro y sobre la inago-

5. Rimbaud, *Temporada en el infierno. Delirios II*. Según la trad. De J. Ferrel en *Taller*, México, 1939.
6. *Ibídem*.

table y oscura riqueza de la posibilidad. Quiere fijar lo inexpresable, porque quiere dar forma a lo que no la ha alcanzado: al fantasma, a la sombra, al ensueño, al delirio mismo. Palabra irracional, que ni siquiera ha presentado combate a la clara, definida y definidora palabra de la razón. ¿De cuál de ellas será la victoria?

La palabra de la razón ha recorrido mayor camino, se ha fatigado, pero tiene su cosecha de seguridades. La de la poesía parece estar, a pesar de todas las estaciones recorridas, en el mismo lugar del que partiera. Sus conquistas se miden por otra medida: no avanza. «Su caridad está hechizada y me tiene prisionera»[7]. Hechizada y prisionera, así ha de seguir, sin duda, y su unión con la otra palabra, la de la razón, no parece estar muy cercana todavía. Porque todavía no es posible pensar desde el lugar sin límite en que la poesía se extiende, desde el inmenso territorio que recorre errante.

La verdad se reconoce ya como parcial, y la misma razón descubridora del ser reconoce la diferencia injusta entre lo que es, y lo que hay[8]. Al hacerlo así, se acerca al terreno de la poesía. Y la poesía, al sufrir el martirio de la lucidez, se aproxima a la razón. Mas no pensemos todavía que se verifique su reintegración, tantas veces soñada por quienes no pueden decidirse entre una y otro. Quien está tocado de la poesía, no puede decidirse, y quien se decidió por la filosofía no puede volver atrás. Sólo el tiempo, la historia, cuando al fin haga que se sitúe la razón, agotado el tema del ser y de

---

7. *Ibídem, Delirios I*
8. Esta diferencia entre lo que es y lo que hay, y la que existe en el terreno del conocimiento entre el pensar y «el contar con», la expuso durante el curso «Tesis Metafísica acerca de la Razón Vital» el filósofo español Ortega y Gasset, en la Universidad de Madrid.

la creación, más allá. Allí donde, desde hace largos tiempos, espera la verdad revelada e indescifrable, la verdad donde, realmente, la «caridad está hechizada». Caridad y comunión que no han trascendido al pensamiento, porque nadie ha podido pensar este «logos lleno de gracia y de verdad».

Notas

I.- Se plantea en este punto, la cuestión del error dentro de la filosofía griega y especialmente, dentro del pensamiento Parménides-Platón. ¿Cómo es posible el error? ¿Cómo puede eludirse, la verdad?

La verdad al ser revelación del ser, por la mirada intelectual humana, no es ya lo problemático. Al revés, lo problemático resulta que todo decir no sea verdadero. La consecuencia inmediata de la unidad del ser y de la identidad entre ser y pensar, en Parménides, podría llegar hasta esta conclusión: todo lo que se dice es verdadero.

Y, en efecto, a ella llegaron los sofistas. Protágoras con su célebre: «El hombre es la medida de todas las cosas...», pareció expresar extremadamente esta consecuencia[1]. En los sofistas apunta ya algo el cinismo, y el cinismo es extremista siempre: carece de medida. Y así, la confianza originaria en la realidad y en la razón, que se identificaba en el ser, fue llevada hasta su último extremo por Protágoras. Pero, todo extremismo destruye lo que afirma, se caracteriza justamente por eso: por afirmar tan ahincadamente que, en realidad, su afirmación se vuelve contra lo afirmado para destruirlo. Si todo lo que se dice es verdadero, es como si nada lo fue-

---

1. Esta interpretación del pensamiento sofístico como consecuencia de la identidad del ser y de la razón, en Parménides, ha sido expuesta en uno de los Cursos sobre Filosofía Griega, dados en la Facultad de Filosofía de Madrid por el catedrático de la misma Xavier Zubiri.

se. La medida, la norma del ser y el no ser, ha quedado rebasada y destruida.

Platón siente clarísimamente el problema y lo aborda en varios de sus Diálogos: *Sofista*, *Teetetes*. Para afirmar el ser, tiene que buscar el no ser; para que la razón y la verdad sigan siendo tendrá que fundamentar la existencia del error, establecer su existencia. Mas, ahí está el nudo de la cuestión: ¿cómo la razón puede funcionar en lo que no es? Es decir, ¿cómo se puede hablar sin que se diga la verdad?

El problema afecta, aunque Platón no lo plantee así, a la poesía, indudablemente. ¿Qué modo de funcionamiento es éste del logos en la poesía, en que la razón no coincide ya con la palabra? ¿Cómo es posible que la palabra se descarríe así de su sendero, para ir a parar en lo contrario de su propia esencia? La palabra poética funciona fuera de la razón y del ser, según la condenación platónica. La objeción, en realidad, más que contra la poesía, va contra la palabra misma; contra la idea del ser y de la razón parmenidiana.

La palabra, el logos, es lo universal, lo que expresa la comunidad en lo humano. Y el poeta usa la palabra, no en su forma universal, sino para revelar algo que solamente en él ocurre, en el último fondo de lo individual, que, incluso para Aristóteles, es irracional. Y esto es lo verdaderamente grave. Pues si la palabra es por esencia universal y el poeta la emplea irracionalmente, quiere decir que hay una comunidad humana no racional, o quiere decir que el poeta está, en tanto que poeta, fuera y al margen de toda comunidad; que la poesía, situada dentro de lo inefable, no lo trasciende nunca; que hay tantos lenguajes como poetas, y que la poesía, por tanto, es un esfuerzo vano, puesto que nada trasmite.

Y lo curioso es que la Filosofía parece estar hoy situada en este mismo trance. Si el pensamiento filosófico es algo que se realiza en la más absoluta soledad, para lograr con el propio esfuerzo el ser, el ser uno mismo, ¿qué sentido tiene el enseñarla, el trasmitirla? ¿Por qué y para qué enseñar Filosofía? Pregunta, por cierto, que ya hizo Sócrates a los sofistas cuando afirmaban que todo lo que se dice es cierto. En sus momentos críticos parece que la filosofía viene a parar al mismo lugar que la poesía, a la justificación de lo más individual; de lo más irreductible que hay en cada uno de nosotros.

¿Pero podrá llamarse Filosofía a este esfuerzo solitario, que nace en uno mismo y termina en uno mismo? La filosofía, que ha levantado la objetividad sobre la mutabilidad de la vida humana, la comunidad sobre la diversidad de cada criatura, ¿podrá renunciar de veras a seguirlo haciendo hasta el final de sus días? Y si renuncia, ¿no significará que la era de la filosofía ha terminado?

La poesía, en cambio, asentada desde sus orígenes en lo inefable, lanzada a decir lo indecible, no ve amenazada su existencia. Desde el primer instante, se sintió arrastrada a expresar lo inefable en dos sentidos: inefable por cercano, por carnal; inefable también por inaccesible, por ser el sentido más allá de todo sentido, la razón última por encima de toda razón. Es el drama que humildemente ha conllevado todo poeta; unos entendiéndolo, otros sin entenderlo.

A esta inefabilidad se consagra la poesía. Y el poeta siente el nexo fortísimo que hay entre ellas; entre la cercanía de su carne y el más alto principio, la más elevada razón; lo que por quedar bajo la razón no puede definirse y lo que por hacer que haya definición no puede quedar bajo ella. De una a otra va la poesía haciéndose una maraña a veces, confundiéndose, errando el camino otras muchas. Sin error ni verdad, al margen de ellos; y por eso mismo, invulnerable en su descarrío, en su ciega servidumbre.

II.- La cuestión de la poesía pura se plantea en realidad con Mallarmé, pero se agudiza con Paul Valéry y la resonancia que sigue a esta su fórmula, «poesía pura», que él afirma haber estampado casi por azar, sin pretender darle honores de definición.

Mas, este es el caso, que con Valéry, con la «poesía pura» afortunada, la poesía, por vez primera, se define. Y de ahí justamente, la resonancia rapidísima, casi con honores de escándalo, de la que su autor se sorprende. La poesía jamás se había definido a sí misma, jamás había planteado su cuestión hasta este momento, en que intenta definirse con Mallarmé, aunque todavía, como Dios en cierta escolástica, por vía puramente negativa.

La definición de Mallarmé es poética, está dada dentro del ámbito de la poesía de siempre, es una agudización extremada de la conciencia del poeta que, por primera vez quizá, siente claramente el funcionamiento de su poesía. Y no hallando con qué compararla, sintiendo la diferencia entre la palabra poética y la del lenguaje de la vida y aun de la ciencia, habla de «ausencias». Las cosas están en la poesía por su ausencia, es decir, por lo más verdadero, ya que cuando algo se ha ido, lo más verdadero es lo que nos deja, pues que es lo imborrable: su pura esencia. Y la misma realidad se encubre a sí misma. Además, con este juego de ausencia y presencia, las cosas se nos aparecen sumergidas en el flujo del tiempo, se nos muestran como naciendo y tornando a nacer. Su presencia es un milagro, el milagro primero de la aparición de las cosas. Poesía es sentir las cosas en *statu nascendi*.

Mas, Valéry extrema la cuestión y al extremarla lo que hace es, en realidad, plantear otra nueva, ante la cual Mallarmé se detuvo, tal vez oprimido por una servidumbre poética y, por lo mismo, por una mayor fidelidad a la poesía. Y es que Valéry separa ya la poesía del poema. Es decir, hace lo que hace el filósofo con las ideas. Para Valéry la poesía es algo ideal, una esencia, unitaria como todas las esencias y, por tanto, un problema. Y únicamente hay conciencia del problema, o sea, hay problema típicamente filosófico, cuando hay una esencia, o dicho de otra manera, tal vez más clara: cuando hay una definición.

Valéry ha definido la poesía y al definirla la ha hecho, lo que nunca había sido: problemática. La ha asemejado al pensamiento. Y hasta cabe ya un «método» poético, un camino para la captación de la esencia poética. Porque si la esencia es unitaria como toda esencia, ha de dejarse captar por aproximación[2].

Pero, ¿es eso la poesía? ¿La poesía no se ha dado en la dispersión? ¿Es que su unidad no ha sido distinta de la del pensamiento y hasta ahora era indefinible? El solo hecho de que la poesía se sitúe paralelamente al pensamiento, hace pensar que ha dejado de ser fiel a sí misma, precisamente al pretender serlo. La poesía no puede establecerse a sí misma, no puede definirse a sí misma. No puede, en suma, pretender encontrarse, porque entonces se pierde.

2. «El poeta se consagra y consume en la definición y construcción de un lenguaje dentro del lenguaje, y esta operación, que es larga, difícil y delicada, solícita de las más diversas cualidades del espíritu y que jamás llega a terminarse porque nunca es, tampoco, exactamente posible, tiende a llegar a ser el idioma de un ser más puro, más potente y más feliz con su palabra que no importa qué personaje real». Paul Valéry: *Baudelaire y su descendencia.* Revista de Occidente, 1924.